Hans Luther

Ein Leben
in
Glück und Zufriedenheit
durch das Öffnen der
Gasse Gottes

1. Auflage 10.1996

© Licht-Quell-Verlag
D-93010 Regensburg
Postfach 10 10 20
Tel. 0941/ 79 38 42
Fax 0941/ 79 49 10

ISBN 3-926563-73-7

Hans Luther

Ein Leben
in
Glück und Zufriedenheit
durch das Öffnen der
Gasse Gottes

Was ist die Gasse Gottes ?

Die Gasse Gottes ist unser Zugang des Lebens, unser Zugang der Energie Gottes, die uns von oben her zuströmt und die wir aufnehmen, ganz natürlich, durch den Zwischenraum zwischen unseren Gehirnhälften. Dort strömt die Energie der ewigen Einheit in uns ein und verteilt sich über die Nervenbahnen der Kommunikation in unsere in Polarität aufgebauten Lebenssysteme und stabilisiert diese Systeme, erweitert ihr Energiepotential in einer Weise, das sie sonst nicht hätten. Und dies Energiepotential baut unsere Zellen mit auf, ernährt unsere Zellen, gleicht den Energieverlust aus, verbessert die Energieausstattung und hilft uns leben, denken, fühlen, gestalten. In einer ganz stillen Weise fließt jedem Menschen diese Energie von oben zu. Er kann sie aufnehmen, verstärkt aufnehmen, vermindert aufnehmen. Er kann sich ihr öffnen oder verschließen. Eine minimale Öffnung wird immer bleiben, damit der Mensch überhaupt leben kann. Ohne diesen Energiezufluß durch die minimale Öffnung würde kein Mensch am Leben bleiben.

Wir Menschen denken, wir bestehen aus uns selbst. Wir Menschen denken, wir entstehen durch die Zellteilung, durch den Zellaufbau. Aber wir sehen nicht die heimliche Kraft, die den Zellaufbau steuert und die die Stoffe der Materie so fügt, daß es einen geordneten Körperaufbau, ein geordnetes Ganzes ergibt. Diesen geordneten Körperaufbau erzeugt die Energie der Allmacht, die in allem ist und die allen zufließt und die überhaupt erst den Weltraum und alles Leben in ihm ermöglicht hat und noch ermöglicht. Alle Lebensgesetze sind keine Zufallsprodukte, sondern stammen aus der ewig denkenden Energie der Allmacht, die die Unendlichkeit ist und alles in sich enthält, was je war und ist und sein wird.

Diese Energie der Unendlichkeit, die die Allmacht und damit Gott ist, arbeitet in dem Raum, den wir den Weltraum nennen, mit den Prinzipien der Polarität zusammen, die sie auf unseren Wunsch geschaffen, hergestellt hat und in die sie uns auf unseren Wunsch hin mit dem sog. Urknall eingefügt hat, damit wir die Erfahrung der Polarität machen können, die Erfahrung eines Lebens von Anfang und Ende, eines Lebens in Zeit und der aus ihr geborenen Materie.

Denn die Energie der Allmacht hat die Zeit geschaffen und uns in die Zeit eingefügt und aus der Zeit die Materie als verlangsamte Form der Zeit, um Erfahrungen in langsameren Zeitzuständen machen zu können und so leichter die Polarität zu bewältigen.

Damit aber nun der Weg durch die Materie führen kann, hat die Allmacht ihre Energie der Materie eingefügt und angepaßt und wirkt aus der Einheit in die ganze Polarität hinein. So wirkt sie auch aus der Einheit in die Polarität unseres Bewußtseins hinein. Und da unser Tagesbewußtsein, unser Bewußtsein, wie wir es nennen, im Kopf sitzt, im Gehirn, und rechte und linke Gehirnhälfte der Ausdruck unserer Polarität sind, wirkt die Allmacht aus der Einheit in unsere Polarität hinein, indem sie zwischen unseren Hirnhälften hineingeht und in die Kommunikationsbahnen, in die Kommunikationsstraße zwischen unseren Hirnhälften eintritt und unsere Nervenzellen durchflutet und uns so aufbaut und erneuert und stärkt und heilt und hilft, uns gute Gedanken und Ideen gibt, Kraft von oben, Anschluß an die geistige Welt, Anschluß an die Allmacht, direkten Anschluß, den wir nutzen können, der uns immer offen steht, wann immer wir uns öffnen nach oben. Und deswegen ist das Öffnen nach oben für uns so wichtig, weil wir von uns aus es in unserem Willen haben, uns mehr oder weniger zu öffnen. Denn der Zufluß der Energie der Allmacht von oben, dieser vermehrte Zufluß, der uns mehr als auf die natürlich schon gegebene Weise stärken kann, dieser Energiezufluß der Allmacht von oben fragt uns nach unserem freien Willen. Denn da die Energie der Allmacht uns zum Guten, zum Positiven verändert und diese Veränderung unser Leben beeinflußt, kommt es auf unseren freien Willen an. Und den können wir äußern, indem wir geistig uns nach oben öffnen, geistig zuwenden und den besonderen Zufluß der Energie der Allmacht nutzen und bekommen und in uns aufnehmen. Von Anfang an war der Mensch so eingerichtet, so geschaffen, daß die Energie aus der Einheit, die Energie der Allmacht aus der Unendlichkeit in den Menschen kommt. Ohne diese Möglichkeit wäre ein Aufbau des Körpers nicht möglich geworden. Ohne eine Gasse Gottes hätte ein hochentwickeltes Wesen nie existieren können. Und deshalb haben alle hochentwickelten Wesen so eine Gasse Gottes, und ihr Gehirn ist nach dem Prinzip der

Polarität aufgebaut und die Allmacht wirkt über diese Gasse Gottes, über diese Straße der Einheit in die Polarität des Bewußtseins der hochentwickelten Wesen unserer Erde ein.

Das ist das ganze Geheimnis der Grundstruktur des Aufbaus unseres Bewußtseins in Polarität und unserer Verbindung mit dem Bewußtsein der Einheit der Unendlichkeit, die Gott ist und die wir Gott nennen. Auf dieser Basis funktioniert das ganze hochentwickelte organische Leben der Erde. Denn die Erde hat ein hochpolarisiertes Bewußtsein, ein Bewußtsein, das in einer sehr stark ausgeprägten Polarität bestehen muß, das folglich von sich aus nicht mit der Einheit umgehen kann und das die Hilfe der Einheit braucht, um in dieser stark ausgeprägten Polarität überhaupt existieren zu können. Um uns Existenzhilfe zu geben, existiert die Gasse Gottes, wurde unser Gehirn so eingerichtet, daß zwischen den Bereichen unserer Bewußtseinspolarität die Energie aus der Einheit der Unendlichkeit und Allmacht uns erreichen kann, uns beeinflussen kann, helfen kann, aufbauen kann, uns aus dieser extremen Polarität höher führen, herausführen kann. Das alles ist der Vorteil der von Natur aus von Gott uns eingebaut und mitgegeben wurde, damit wir in der extremen Polarität der Materie der Erde bestehen können, durch IHN bestehen können. Denn durch IHN bestehen wir. Kein Mensch kann ohne IHN bestehen und gehen. Und deshalb hat der Mensch die Möglichkeit, in der Polarität durch die Hilfe von oben zu bestehen, sie zu überwinden und vorwärtszugehen aufwärts auf dem Weg zu Gott. Durch das Öffnen der Gasse Gottes kann er diese Hilfe von oben aktiv nutzen.

Von wo bis wo reicht die Gasse Gottes ?

Unsere Gasse Gottes reicht zwischen den Hirnhälften, und zwar vom Ansatzpunkt des Klein-
hirns bis zum Endpunkt nach dem Auslaufen
der Hirnhälften vorn hinter der Stirn. In diesem
ganzen Bereich schwingt die Energie von oben
in uns ein. In unterschiedlichsten Schwingungs-
zuständen erreicht sie unsere Nervenbahnen und
stimmt sich auf sie ab und klinkt sich in sie ein
und durchquert jede Zelle unseres Körpers, alle
Zellen unseres Körpers in ihrer Gesamtheit und
entfaltet - angepaßt zu dem Aufbau jeder Zelle -
ein bewußtes Programm, um der jeweiligen
Zelle zu helfen, um Fehler zu korrigieren im
Zellenaufbau, um die Materie zu sanieren, indem der Energieverlust, den jede Zelle erleidet,
weitgehend ausgeglichen wird und so unser gesamtes körperliches System gestärkt und verändert und zum Positiven erhöht wird. Je größer
der Einstrom, der Einfluß durch die Gasse Gottes in unseren Körper, in unsere ganzen Lebenssysteme ist, desto stärker und besser werden wir,
desto gesünder und heiler, desto ausgeglichener
und friedlicher, desto wissender und der Allmacht zugewandter werden wir. Es ist nicht

wichtig, daß wir genau verstehen, wie das Ganze zusammenhängt. Denn den genauen Zusammenhang würden wir nicht begreifen, so wie wir vieles nicht begreifen, was in unserer Welt abläuft, was die Erde in ihrer Bahn hält, was die Sonne in ihrer Bahn hält, wie der ganze Kosmos aufgebaut ist. So begreifen wir auch uns selbst nicht und leben doch und leben in vollen Zügen aus der Kraft, die Gott uns leiht, auch wenn wir selbst von Gott noch nicht soviel wissen, daß wir verstehen, wie das geschieht und wie ER es macht. Aber wir können soviel wissen, daß wir uns zuwenden und anwenden, was uns an Hilfe mitgegeben ist von der Natur aus, die Gott geschaffen hat und die nur durch ihn besteht und seinen geistigen Willen, seinen geistigen Impuls, seine geistige Hilfe, die sich in Materie gestaltet und die IHN die Materie gestaltet und die unser ganzes Leben, unser Umfeld, unser Innerstes und Äußerstes aufbaut, formt, ausweitet, ausgleicht und erhält.

Wie funktioniert die Gasse Gottes ?

Die Gasse Gottes ist nicht nur eine Funktion, sondern die Gasse Gottes e x i s t i e r t . Und ihre einzige Existenzbedeutung ist, uns den Zufluß der Energie der Allmacht zu ermöglichen, zu gestatten, uns zu verbinden mit der Unendlichkeit, uns die lange Leine SEINES Wissens, SEINER Kraft, SEINER Liebe, SEINER Energie, SEINER Freude und Freundlichkeit zu geben, die uns am Leben erhält: den pausenlosen und dauernden Energieschub, der unsere Existenz in dieser Härte der Polarität überhaupt erst ermöglicht und uns ausdauern läßt und uns begleitet und hilft.

Wir können uns bewußt öffnen. Dieses Öffnen geschieht durch unseren freien Willen. Wir öffnen in Gedanken einen Kanal des Bewußtseins in der Zone zwischen den beiden Hirnhälften und erlauben der Energie von oben, mehr als sonst im Minimalzustand vorgegeben, uns zu erreichen, uns zu durchqueren, uns zu erfrischen, uns aufzubauen, uns zu heilen, uns mitzunehmen in andere Bewußtseinszustände, uns andere Bewußtseinszustände zuzuspielen aus der jenseitigen Welt, der oberen Welt, der geistigen Welt, wie wir sagen würden, aus dem nichtpolaren Bereich des Daseins, des unendlichen Daseins und aus allen anderen Lebenszuständen, die sich jetzt noch in der Polarität befinden. Von diesen Lebenszuständen können wir genauso erfahren, wie wir über unseren Körper erfahren können, über unsere Seele, unsere Geistseele erfahren können, wie wir Dinge sehen können in unserem irdischen Lebenszusammenhang wie im überirdischen Lebenszusammenhang.

All dies ermöglicht Gott uns durch das Öffnen des Bewußtseinskanals im Bereich der Gasse Gottes nach oben und durch SEINEN Energiezufluß aus der oberen Welt. Alle SEINE geistigen Helfer stehen bereit, um die von uns erbetene geistige und körperliche Hilfe durch Anpassung der Energie der Allmacht an unsere Lebenssysteme und Zusendung über die Gasse Gottes, Einspeisung über die Gasse Gottes zu geben und uns so auf einen Kurs des Fortschritts zu bringen.

Freuen wir uns also über diese Möglichkeit. Denn sie bringt einen Entwicklungsschub, den wir ohne diese aktive Zuwendung zur Allmacht sonst niemals in unserer Erdenzeit machen könnten. Und diese Hilfe wird uns gegeben, weil die Erde inzwischen sich soweit in ihrem Wissen und Bewußtsein entwickelt hat, daß es den Menschen möglich wird, sich a k t i v über die Gasse Gottes dem Göttlichen, dem Überirdischen und der geistigen oberen Welt zuzuwenden und so den längst fälligen Entwicklungssprung zu machen, auf den die ganze Menschheit seit Jahrhunderten wartet und den sie so dringend braucht.

Die Menschen brauchen diese Hilfe in ihrer Gesamtheit ebenso, wie jeder einzelne Mensch diese Hilfe benötigt und auch bekommt. Und es wäre unser Vorteil, wenn wir die Chancen des Öffnens der Gasse Gottes und der damit aktivierten Energieverbindung nach oben erkennen und für uns einsetzen und für andere einsetzen. Es wird unser gesamtes Leben revolutionieren, zum Positiven revolutionieren, wenn wir wirklich vorwärtskommen wollen und ernsthaft suchen und ernsthaft den Weg gehen, der uns über die Gasse Gottes gezeigt und geöffnet wird.

Diese Chance wird der Menschheit an der Schwelle zum 3. Jahrtausend, zweitausend Jahre nach dem Kommen Christi, gegeben, um sie eine Stufe höher zu heben in ihrem Entwicklungszustand. Es ist ein Sprung des Bewußtseins, den die Menschheit machen kann durch die Zuwendung nach oben zu Gott und zur oberen Welt und zu allem, was die obere Welt bereit hält.

Deswegen wäre es wichtig, daß j e d e Altersstufe des Menschen auf ihre Weise mit der Gasse Gottes umgeht. Kleinkinder tun es von alleine. Sie sind eingebettet über ihre Gasse Gottes in das Göttliche und gleichzeitig das Irdische. Und erst im späteren Alter trennen sich die Bewußtseinsströme und Bewußtseinswege, und der Mensch bevorzugt das Gehirnbewußtsein und alles, was es ihm ermöglicht, und vernachlässigt den Kontakt nach oben, die Leitung nach oben, die lange Leine nach oben enorm. Und so hungert seine Geistseele innerlich nach Wissen, das das Gehirn nie geben kann, nie erlangen kann, nach Wissen, das die Geistseele ahnt und kennt und das sie erwerben möchte, an dem sie teilnehmen möchte und auch teilhat von Ewigkeit her. Die Aktivierung unserer Gasse Gottes, die Aktivierung des Öffnens des Bewußtseinskanals hilft uns, diesen Hungerzustand zu beenden und die geistige Nahrung in Form des Wissens von oben aufzunehmen und so unseren Horizont enorm zu erweitern.

Wie breitet sich die Energie der Allmacht im Körper und in der Geistseele aus ?

Die Energie, die wir durch die Gasse Gottes bekommen, breitet sich über unseren ganzen Körper aus und wir werden buchstäblich von dieser Energie durchtränkt, durchdrungen und gleichzeitig von außen eingehüllt, so daß wir in ein vollständiges Energietauchbad der Allmacht kommen.

Jeder Mensch ist ständig von der Energie der Allmacht eingehüllt. Aber wenn wir uns *bewußt* der Allmacht zuwenden, wenn wir uns *bewußt* nach oben öffnen, den Bewußtseinskanal freigeben für den Zufluß der Energie von oben, dann fließt diese uns ständig umgebende Energie, von allen Seiten umgebende Energie, in unser Bewußtsein und in unseren Körper ein und entfaltet Ihre Wirkung. Diese Wirkung zeigt sich im Besonderen in einem Erleben und Gefühl des Beschütztseins, des besonderen Beschütztseins und Behütetseins, des geistigen Geborgenseins im Ewigen, in der Einheit, in der Allmacht und eines völligen Eingehülltseins und völligen Durchdrungenseins durch die Energie von oben. Auf diese Weise bekommt der

Mensch einen leichten Vorgeschmack dessen, was es bedeutet, einmal wieder zurück zu sein in der Einheit mit Allem, was ist, zurück zu sein in der Ganzheit unserer Selbst und in der Ganzheit der Gemeinschaft. Noch sind wir erst auf dem Weg dazu, uns auf die Ganzheit, das wieder Ganzwerden mit der Gemeinschaft zuzuentwikkeln, zu entfalten und Wissen und Energie der Urliebe hinzuzugewinnen, um alle Ichbezogenheit, alles Festgefahrensein in sich selbst mit allem daraus folgenden Selbstmitleid, Alleinsein, Einsamkeitsgefühl Schritt für Schritt zu überwinden und vorwärts zu kommen zu einem besseren Verständnis unserer Existenz, der Existenz der Gesamtheit aller und damit Gottes. Und das Öffnen der Gasse Gottes bewirkt in unserem Körper und in unserem Bewußtsein eine energetische Umpolung, einen energetischen Ausgleich, der uns verändert, verbessert, erneuert. Und so wird sowohl unser Körper als auch unser Geist gestärkt, erweitert, um viel Wissen erweitert.

Die größte Wirkung jedoch entfaltet das Gasse - Gottes - Öffnen, neben allen körperlich erfreulichen Veränderungen, auf unsere Geistseele, die wir ja sind.

Die Geistseele erlebt den Zustrom der Energie des Wissens und der Liebe der Allmacht, der Energie aller Hilfemöglichkeiten der Allmacht im Kosmos und aus der Einheit der Unendlichkeit als Befreiung, als Erlösung, wie trockenes Land den warmen Regen als Erlösung und Befreiung erlebt und aufblüht und gedeiht und wächst und alle Stagnation ein Ende hat.

Auch für unseren Alltag bekommen wir jede nur erdenkliche Hilfe von oben, wenn wir die Gasse Gottes öffnen. Diese Hilfe besteht in Beruhigung, geistiger Begleitung, in Harmonisierung durch die Energie von oben, in Stärkung unseres Selbstbewußtseins und damit der Befähigung, unseren Weg zu gehen und zu erkennen und zu wählen, und uns bereit zu der Verantwortung zu machen, die wir für unser Leben und das Leben anderer übernommen haben und übernehmen können und übernehmen sollen. Wer auch immer sich öffnet und von Herzen zuwendet, dem wird gegeben, was er braucht und was ihn fördert und was ihm hilft.

Wie kommt es zu dem Namen Gasse Gottes?

Die Gasse Gottes ist der gesamte Zwischenraum zwischen den Hirnhälften, durch den der Bewußtseinskanal, der unsere Geistseele und unseren Körper mit Gott verbindet, in die Kommunikationsbahnen unserer beiden Hirnhälften eingeklinkt ist. Auf diese Weise fließt die Energie der Allmacht über unser Gehirn in uns ein und nährt und stabilisiert die Lebenssysteme des Menschen. Da die Kommunikationsbahnen der beiden Hirnhälften durch den engen Zwischenraum zwischen beiden Hirnhälften verlaufen, der wie eine Gasse zwischen zwei hohen Hauswänden wirkt, und da die Energie des Göttlichen durch den Bewußtseinskanal zum Menschen über diesen Zwischenraum zwischen den Hirnhälften einklinkt, heißt diese Zone die Gasse Gottes.

Zeichnung Seite 20: (schematische Zeichnung nach einem computertomographischen Längsschnitt durch das Gehirn, von unten gesehen)

Zwischenraum zwischen den Hirnhälften
(von unten gesehen)

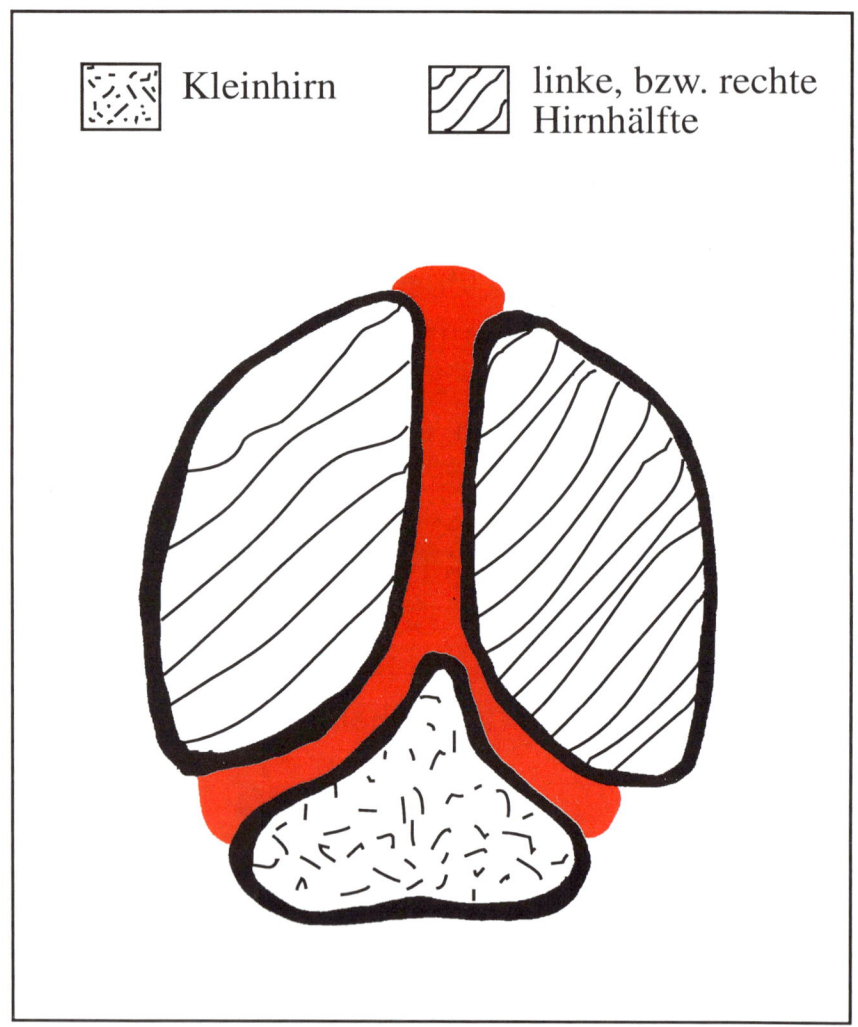

Kleinhirn

linke, bzw. rechte Hirnhälfte

(Das rot Gezeichnete ist der Energiefluß, der die Gasse Gottes von oben kommend ausfüllt.)

Die ganze Gasse Gottes ist der Eintrittsbereich für den Zufluß der göttlichen Energie. Da das Gehirn beim Menschen der oberste Punkt seines Körpers ist und die Energie der Allmacht durch diesen obersten Punkt, also von oben in ihn einfließt, sprechen wir von der Energie der Allmacht auch kurz als von der Energie von oben. Zeichnung: (schematische Zeichnung des Gehirns, von oben gesehen)

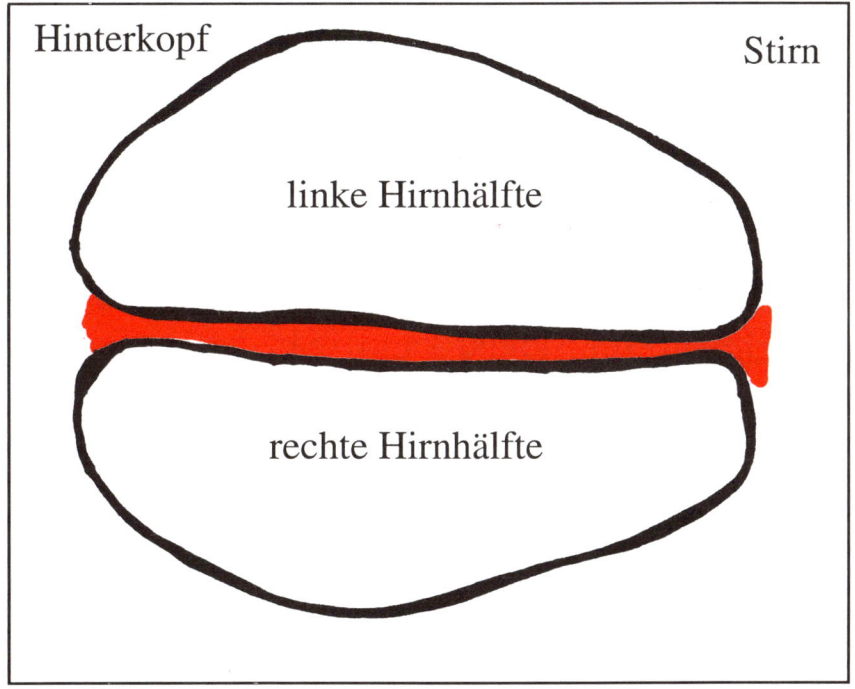

(Das rot Gezeichnete ist der Energiefluß, der die Gasse Gottes von oben kommend ausfüllt.)

Dieses von oben stimmt auch in geistiger Weise. Denn die geistige Potenz der Allmacht steht unendlich weit über dem Menschen und ist ihm durch ihre Unendlichkeit dennoch allgegenwärtig nahe. Und da die Allmacht alles in sich und ihrer unendlichen geistigen Potenz allgegenwärtig enthält, auch uns Menschen, ist sie in der Lage, ihre Energie, durch die sie jeden Menschen und alles gebildet hat, auch völlig jedem einzelnen Menschen ebenso wie der Gesamtheit aller anzupassen und so zu helfen und zu fördern.

Dies geschieht durch das Eingehüllt sein der Menschen von der Energie der Allmacht und durch den Energiezufluß von oben, der den Menschen durch den ständigen Bewußtseinskanal zu ihm über die Gasse Gottes erreicht. Diesen Bewußtseinskanal kann man willentlich erweitern, öffnen. So verstärkt sich der von Natur aus durch Gott gegebene Energiezustrom erheblich.

Wie öffnet man die Gasse Gottes ?

Sie öffnen Ihre Gasse Gottes durch Ihre Bereitschaft, Ihren freien Willen dazu. Das ist die Voraussetzung.

Am besten kann man die Gasse Gottes öffnen, wenn man Ruhe hat und sich durch keine anderen Personen gestört fühlt. Man setzt sich aufrecht auf einen Sitz (Stuhl oder Sessel etc.) oder man legt sich hin, die Beine nicht überkreuzt, die Füße nebeneinander. Die Hände werden auf den jeweiligen Oberschenkel an ihrer Körperseite gelegt, mit den Handflächen nach unten, um den Energiekreislauf am Körper zu schließen und keine Energie abzustrahlen. Dann schließt man die Augen. So kann man sich besser konzentrieren. Ebenso erleichtert ein abgedunkelter Raum die Konzentration. Der Erfolg der Übung ist jedoch nicht von einem abgedunkelten Raum abhängig.

Nun öffnet man die Gasse Gottes. Das geschieht, indem man sich vorstellt, daß der schmale Zwischenraum zwischen den beiden Hirnhälften weiter wird.

Oder man nimmt andere Hilfsvorstellungen an, indem man sich z.B. vorstellt, die Kopfmitte sei wie eine Observatoriumskuppel einer Sternwarte, die leicht auseinanderfährt und das Licht des Himmels einläßt. Der Grad der Öffnung ist vielfältig. So kann auch ein Mensch seine Gasse Gottes in bestimmtem Umfang mehr oder weniger weit öffnen.

Die Energie der Allmacht umhüllt und umarmt von oben her jeden Menschen jederzeit vollständig. Und wer auch immer die Gasse Gottes öffnet, in den kann sie einfließen. Die Energie der Allmacht ist denkende Energie. Sie achtet den freien Willen. Daher sollte jemand, der seine Gasse Gottes öffnet, sich nach dem Öffnen kurz auf das Einfließen der Energie von oben durch die Gasse Gottes konzentrieren. So gibt der freie Wille des Menschen den Ankick für das Einfließen der Energie der Allmacht durch die nun geöffnete Gasse Gottes des Menschen.

Bei Anfängern schließt sich die Gasse Gottes manchmal ganz schnell wieder bis zu ihrer Minimalöffnung. Das kommt aus der Ungeübtheit und der damit verbundenen zu geringen Konzentration oder aus der Unsicherheit, die den Willen zu öffnen bzw. díe Gasse Gottes offen zu lassen beeinflußen kann. Deshalb ist es ratsam, daß Sie den Vorgang des Öffnens nach einiger Zeit wiederholen, in jedem Fall aber, wenn Sie sich unsicher sind, ob Sie geöffnet haben, oder wenn Sie der Meinung sind, daß sich Ihre Gasse Gottes von alleine wieder geschlossen hat.

Dann konzentrieren Sie sich nach dem Öffnen der Gasse Gottes auf den Energiezustrom von oben, der durch die geöffnete Gasse Gottes in Sie einströmt. Das Konzentrieren auf den Fluß der Energie der Allmacht von oben durch die offene Gasse Gottes in den Körper und das Konzentrieren auf das Durchströmtwerden des Körpers von der Energie der Allmacht gibt als Ausdruck des freien Willens Ihre Zustimmung und damit den Ankick für einen von da an von der Allmacht gesteuerten Energiefluß ihrer Energie. Der freie Wille öffnet Ihre Gasse Gottes, und die Konzentration auf den Energiefluß der Allmacht ist eine ernste Bitte um die Energie von oben und alles, womit sie Ihnen hilft.

Wenn Sie die Gasse Gottes geöffnet haben und sich darauf konzentriert haben, daß die immer vorhandene Energie der Allmacht von oben her in Sie einfließt, dann ist der nächste Schritt, daß Sie sich vorstellen, daß die Energie der Allmacht Ihren ganzen Körper in einem Kreislauf durchfließt und Ihr Körper sich an dieser Energie der Allmacht stärkt und sättigt.

Zeichnung:

Kreislauf der Energie der Allmacht über die offene Gasse Gottes durch den ganzen menschlichen Körper

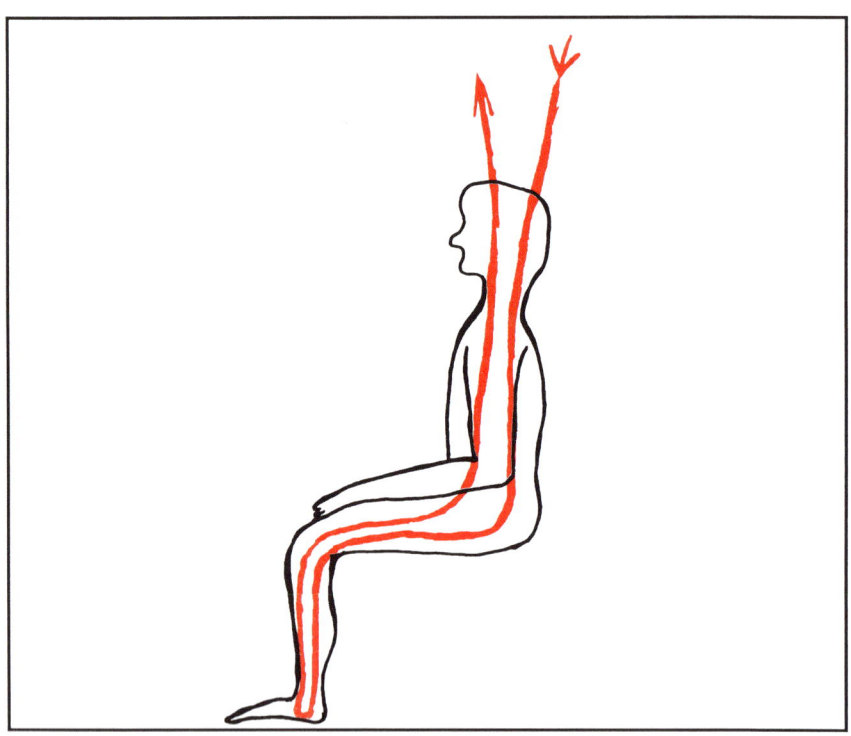

(Das rot Gezeichnete ist der Energiefluß der Allmacht, der die Gasse Gottes von oben kommend ausfüllt und den gesamten Körper in einem Kreislauf durchfließen kann.)

Hier nochmals die **7 Übungsschritte der Ruheübung** auf einen Blick:

1. **Hinsetzen oder Hinlegen ohne die Beine zu überkreuzen**

2. **Hände mit den Handflächen nach unten auf die Oberschenkel legen, um den Energiefluß am Körper zu schließen. Falls Sie die Übung im Liegen machen, können Sie Ihre Hände mit den Handinnenflächen an die jeweilige Körperseite anlegen.**

3. **Augen schließen**

4. **Gasse Gottes öffnen durch den Willen, geistig die Kopfmitte zu öffnen.** Hilfsvorstellungen wie z.B. eine sich öffnende Observatoriumskuppel oder ein sich öffnender Blütenkelch, der sich dem Licht öffnet, können dabei verwendet werden. Es kommt jedoch auf Ihren Willen und Ihre Bereitschaft an, die Gasse Gottes geistig zu öffnen, nicht auf eine bestimmte Vorstellung. Die Hilfsvorstellungen sind lediglich ein Mittel dazu.

5. **Konzentrieren Sie sich auf das Einfließen der Energie der Allmacht durch die Gasse Gottes.**
   Das gibt durch Ihr Ja den Ankick, daß Sie das Fließen akzeptieren und aufnehmen.

6. **Konzentrieren Sie sich auf das Fließen der Energie der Allmacht durch Ihren ganzen Körper in einem großen Kreislauf.**
   (s. Schaubild S. 26)

7. **Denken Sie kurz daran, daß sich Ihr Körper an dieser Energie der Allmacht stärkt und sättigt.**

Alle 7 Schritte sollen in kurzem Abstand durchgeführt werden.

Lassen Sie sich von Anfangsschwierigkeiten nicht entmutigen. Haben Sie das Gefühl, Ihre Gasse Gottes habe sich wieder geschlossen, dann öffnen Sie sie von neuem, so lange und so oft, wie nötig. Wenn Ihre Gedanken abschweifen, so ist das menschlich und normal. Unterdrücken Sie nicht Ihre Gedanken, sie sind natürlich. Sollten Ihre Gedanken abgeschweift sein, so konzentrieren Sie sich eben wieder. Konzentration ist eine Frage der Übung. Ist die Gasse Gottes offen und die Energie der Allmacht fließt, dann kann der Energiefluß erhalten bleiben, selbst wenn einmal die Gedanken abschweifen. Machen Sie sich keine Vorwürfe, wenn etwas nicht klappt. Der Wille zur Übung und Ihr Vertrauen werden Ihnen helfen, Schwierigkeiten zu überwinden. Die beste Einstellung zum Öffnen der Gasse Gottes ist Nüchternheit und Natürlichkeit. Gehen Sie nüchtern an das Öffnen der Gasse Gottes heran und gehen Sie natürlich damit um, ohne Überschwang, Erwartungseuphorie oder Angst. Das ist die beste Voraussetzung dafür, daß Sie das, was Ihnen durch die Gasse Gottes gegeben werden kann, auch realitätsbezogen aufnehmen und realistisch damit umgehen.

Das Beenden der Übung
Gasse - Gottes - Öffnen

Man beendet die Übung, indem man sich bei der Allmacht bedankt (z.B. mit einem "Ich danke" oder "Danke") und dann die Augen öffnet und sich wieder der alltäglichen Umgebung zuwendet.

Die Gasse Gottes schließt sich von allein bis auf ihre Minimalöffnung. Deshalb braucht man die Gasse Gottes nicht aktiv zu schließen.

Mit Öffnen der Gasse Gottes ist gemeint, durch den freien Willen die vorgegebene Minimlaöffnung der Gasse Gottes mehr oder weniger stark zu erweitern (Seite 27/28). Mit sich Schließen der Gasse Gottes ist gemeint, daß die Öffnung der Gasse Gottes sich wieder bis auf die vorgegebene Minimalöffnung schließt. Die Gasse Gottes kann sich niemals vollständig schließen, da der Mensch durch die Allmacht so konstruiert ist, daß diese Minimalöffnung nicht verschlossen werden kann. Das ist gut so. Denn durch die Minimalöffnung der Gasse Gottes fließt jedem Menschen die Grundenergie von oben zu, die seine Lebenssysteme mit Energie von oben versorgt. Denn die Energie der körperlichen Nahrung und die geistigen Impulse der Gehirnprogramme würden zum Bestehen des Menschen nicht genügen. Die Energie der Allmacht, die pausenlos durch die Minimalöffnung der Gasse Gottes in jeden Menschen einfließt, harmonisiert weitgehend die Verspannung, die das Leben in der Polarität in den menschlichen Lebenssystemen erzeugt.

Je größer die Öffnung der Gasse Gottes, desto stärker der Energiezufluß von oben und desto größer seine helfende Wirkung.

Bei Geübten kann die Gasse Gottes nach Beenden der Übung noch einige Zeit von selbst offen bleiben, weil Vertrauen zur Allmacht herrscht und die Energie der Allmacht ihre Hilfe noch weiter fortsetzen kann. In jedem Fall ist die geöffnete Gasse Gottes für den Menschen immer eine große Hilfe. Da nur die Energie der Allmacht durch die Gasse Gottes einfließen kann, bildet die Energie der Allmacht ein Gegengewicht zur negativen Seite des Menschen und beginnt, negative Zusammenhänge zu bessern und das Positive zu stärken. Die Allmacht will und kann helfen und immer nur helfen. Da die Allmacht die Einheit ist, wirkt die Energie der

Allmacht nur positiv ausgleichend, helfend, aufbauend und heilend.

Glück, Zufriedenheit und Gesundung durch Ihre Gasse Gottes

Die offene Gasse Gottes ist der Weg für die Energie der Allmacht in den Menschen. Die Energie von oben schafft zunehmend Glück und Zufriedenheit in Ihrem Innern. Und das wirkt sich auch auf Ihre Umgebung aus. So hilft die Energie von oben zu Ihrer Stabilisierung und bringt Sie damit auf den Weg der Gesundung. Die von oben durch die Gasse Gottes in die Kommunikation der beiden Hirnhälften einfließende Energie der Allmacht harmonisiert die Streßpunkte im Körper und entkrampft dadurch die Verkrampfungen.

Da die Energie von oben Energie aus der Einheit der Allmacht ist, kann sie die Folgen der Polarität lindern. So schafft sie mehr und mehr inneren Ausgleich und inneren Frieden. Sie verbessert durch die Entkrampfung den Energiefluß im Körper und in der Geistseele. Die Energie der Allmacht gibt Körper und Geistseele zusätzliche Kraft und Vertrauen zu Gott und damit zum Leben, zu anderen Menschen und zu sich selbst. Aus dem geistigen Meer der göttlichen Energiepotenz fließen dem Menschen gutes

Wissen und gute Ideen zu, sein Leben neu zu gestalten. Der Kontakt mit der Allmacht, der durch den Energiefluß durch die offene Gasse Gottes gegeben ist, bringt Freude und ein Gefühl des Geborgenseins und Gut - Aufgehoben - Seins mit sich. Der Kontakt zur Allmacht, die Freude an ihr, bringt Freude am Leben. Die zufließende Energie von oben gibt dem Menschen Kraft, die er in sich selbst nicht hat und die er aus sich heraus nicht aktivieren könnte. Das Wissen darum, daß die Allmacht allgegenwärtig ist, bildet sich aus dem Erlebnis des Zuflusses des Kraftstroms der Allmacht von oben. Die zufließende Energie und das Beschütztsein aus der vorhandenen Energie der Allmacht beruhigen den grobstofflichen Körper und die Geistseele und stärken das Selbstvertrauen.

Dadurch geschieht ein positiver Persönlichkeitsaufbau, der die Belastungsfähigkeit im Alltag deutlich erhöhen kann. Er bewirkt eine Stärkung der Geduld und einen Abbau von Selbstmitleid. Innerer Frieden und damit innere Freiheit wachsen. Eine positive Grundstimmung dem Leben, anderen Menschen und sich selbst gegenüber beginnt sich auszubreiten.

E i n Teil der Energie der Allmacht kommt speziell als heilende Energie (Seite 53, Das Öffnen
der Gasse Gottes bei Krankheit). Sie kann lang-
fristig Krankheiten lindern oder völlig heilen.
Sie kann Schmerzen lindern oder auflösen.
Für den weitaus größten Teil derer, die das Öffnen der Gasse Gottes kennenlernten, wird das
Verbundensein mit der Allmacht als die erfreu-
lichste Wirkung beschrieben. Die Verbundenheit mit der Allmacht zu erleben, gibt Halt und
Mut, wirkt erleichternd und erlösend. Sie ist die
eigentliche Quelle der Stabilisierung im Leben.

Wer darf die Gasse Gottes öffnen ?

Jeder Mensch hat eine Gasse Gottes. Daher ist auch jeder Mensch berechtigt, seine Gasse Gottes zu öffnen. Das kann jeder grundsätzlich nur bei sich selber tun. Denn es setzt den freien Willen voraus. Das Öffnen der Gasse Gottes zum Aufnehmen der Energie der Allmacht ist etwas so Natürliches wie das Öffnen des körperlichen Mundes zum Essen und Trinken. Deswegen kann und darf sich jeder Mensch der Allmacht durch das Öffnen seiner Gasse Gottes zuwenden. Die Allmacht ist für alle da. Die Allmacht ist die Unendlichkeit und damit frei und an keine menschliche Anschauung oder Gruppe gebunden oder ihr verpflichtet. Weil die Unendlichkeit alles umfaßt und wir Teil der Unendlichkeit sind, gehört jeder Mensch zur Allmacht. Deshalb ist jeder Mensch befugt, seine Gasse Gottes zu öffnen und den Energiefluß der Allmacht einzulassen und in sich aufzunehmen. Die Allmacht ist absolut gerecht und gibt jedem Menschen Gutes, der sich ihr zuwendet. Sie gibt jedem Menschen das, was er wirklich braucht. Weil die Allmacht weiß, was ein Mensch wirklich braucht, ist es sinnvoll, ohne Vorbedingungen, ohne Erwartungsdruck oder Forderungen die Gasse Gottes zu öffnen. Vorbedingungen, Erwartungen und Forderungen bewirken eine Verspannung durch den Erwartungsdruck und können das Öffnen der Gasse Gottes behindern oder zeitweise unmöglich machen. Ebenso können sie das Fließen der Energie der Allmacht und ihr Ausbreiten im Körper einschränken. Denn Vorbedingungen etc. sind Willensenergie, die zum freien Willen des Menschen gehört. Sie können wie eine Schranke wirken. Deshalb tut sich jeder Mensch einen großen Gefallen, wenn er in Geduld ohne Erwartungs - oder Erfolgsdruck an das herangeht, was ihm durch die Öffnung der Gasse Gottes gegeben wird. Da jeder Mensch ein einmaliges Lebewesen ist, bekommt auch jeder Mensch beim Öffnen seiner Gasse Gottes eine ausschließlich auf ihn zugeschnittene und auf ihn abgestimmte Energieform der Allmacht. Das liegt daran, daß

a. in einen Menschen nur Energie der Allmacht einfließen kann, die der einmaligen, exklusiven Energiecodierung dieses Menschen entspricht, den die Allmacht einmalig geschaffen hat. Deshalb kann auch nur ausschließlich die Allmacht ihre Energie dieser Energiecodierung anpassen und so die Gasse Gottes eines Menschen durchqueren.

Und

b. ist die Energie der Allmacht denkende Energie, die dem Menschen nur das Beste und für ihn Passende gibt.

Dabei hat für die Allmacht das Vorrang, was aus ihrer übergeordneten Sicht für diesen Menschen das Beste ist. Das muß sich nicht immer mit dem decken, was dieser Mensch selber für sich für das Beste hält. Das ist ein weiterer Grund, warum Vorbedingungen, Erwartungen oder Forderungen nicht hilfreich sind. Sie sind hinderlich, weil der auf seine Erwartungen programmierte Mensch sich durch seine Selbstprogrammierung dem verschließt, was er tatsächlich von der Allmacht bekommt. Damit vermindert der Mensch selber den Nutzen des Gasse Gottes Öffnens.
Die Energie der Allmacht, die durch die offene Gasse Gottes zufließt, bewirkt neben der möglichen Heilung des Körpers und Wissenszufuhr

für das Gehirn und Kraftzufuhr für den Körper besonders eine Kraftzufuhr für die Geistseele und eine Stärkung des geistigen Wissens.

Zum geistigen Wissen gehört das Wissen unserer Herkunft aus der Unendlichkeit Allmacht, das Wissen, warum wir jetzt im Kosmos sind und daß wir einst in die Einheit mit der Unendlichkeit Allmacht zurückkehren.

Zum Wissen über die Unendlichkeit Allmacht gehört das Wissen, wie Christus mit ihr wirklich zusammengehört und zusammenwirkt.

Dies Wissen bewirkt eine Korrektur falscher Vorstellungen über Gott, auch falscher Vorstellungen vom Leben, die zu falschen Erwartungen ans Leben führen. Die Energie der Allmacht, die dem Menschen durch die offene Gasse Gottes von oben her zufließt, macht den Menschen realitätsbezogener. Denn die Allmacht ist höchste Realität. Das führt zu einer zunehmenden geistig - psychischen Gesundung, weil die Konflikte in der Geistseele und im Körper sowie zwischen beiden gemindert werden und mit der Realität mehr und mehr harmonisiert werden.

Wie fühlt sich das Geöffnetsein der Gasse Gottes an ?

Das Offensein der Gasse Gottes und das Ein-
strömen der Energie der Allmacht von oben
merkt man unter Umständen daran, daß es auf
dem Mittelscheitel des Kopfes ein Gefühl von
Kribbeln oder Druck gibt. Das Gefühl von
Kribbeln oder der Druck ist eine Art der Wahr-
nehmung der großen Energie der Allmacht, die
auf der Gasse Gottes liegt. Das Gefühl von
Kribbeln oder Druck kann sich auf nur e i n e
Stelle an der Gasse Gottes beschränken, z.B. auf
den Hinterkopf, auf die Stirnmitte oder auf die
Kopfmitte oben. Es kann an mehreren Punkten
gleichzeitig auftreten. Je nachdem, wie die
Energie der Allmacht in dem jeweiligen Menschen fließen kann, an ihm und in ihm arbeitet,
je nachdem welche Art der Energie der Allmacht fließt, in welcher Form von Schwingun-
gen sie kommt und wo sie ansetzt, kann sich das
Gefühl der offenen Gasse Gottes anders anfüh-
len und im Verlauf der Übung oder von Übung
zu Übung ändern.
Man kann die Wirkung der Energie der Allmacht auf vielfältige Weise erfahren. Sie wer-

den - wie alle, die die Übung des Gasse - Gottes - Öffnens schon lange anwenden - die Erfahrung machen, daß das Gasse - Gottes - Öffnen und das Fließen der Energie der Allmacht sowohl eine zeitlang ähnlich ablaufen kann, wenn die Energie der Allmacht länger an einem Problem des betreffenden Menschen arbeitet, als auch von Übung zu Übung völlig unterschiedliche Erfahrungen und Wahrnehmungen bringen kann. Das liegt daran, daß jeder Mensch ein lebendiges Lebenssystem ist, dessen Energien selber ständig im Fluß sind und sich verändern. Die Allmacht stellt ihren Energiefluß völlig auf das Individuum und dessen wechselnden Energiefluß ein. Und da die Allmacht Ihre Geistseele als unvergängliches Energiegepräge aus ihrer unendlichen Energie für immer geschaffen hat und Ihr vergänglicher Körper eine Energieleihgabe der Allmacht ist, weiß die Allmacht, wer Sie sind und was Sie brauchen. Daher gibt sie Ihnen jeweils die Energien und die Stärkung, die Sie aus der Sicht der Allmacht nötig haben. Sie bekommen die Einblicke und Worte oder Sätze, Sie bekommen das Wissen, das *Sie* nötig haben, das *Sie* auf Ihrem geistigen Evolutionsweg fördert und das *Sie* im Moment verarbeiten können.

Deshalb kann ein anderer Mensch beim Gasse - Gottes - Öffnen mehr oder weniger erleben als Sie. Das ist weder eine Bevorzugung noch eine Benachteiligung. Denn die Allmacht gibt jedem Menschen aus ihrer absoluten Gerechtigkeit genau von der Art und so viel, wie er im Moment braucht und nach dem Gesetz des freien Willens anzunehmen und aufzunehmen in der Lage ist.

Der Fluß der Energie von oben kann vielfältig und unterschiedlich erlebt werden. Vom Effekt des Kribbelns und des Drucks auf der Gasse Gottes oder einigen ihrer Stellen haben wir schon berichtet. Das Gefühl von Kribbeln oder Druck kann sich auch noch an anderen Körperstellen zeigen. Der Fluß der Energie der Allmacht durch den Körper kann sich auch in mehr oder weniger starkem Wärmegefühl äußern. Er kann Kühle hervorbringen. Das Gefühl der Wärme oder Kälte kann sich auch auf einzelne Körperteile konzentrieren. Das gleiche gilt für das Gefühl von Kribbeln oder Druck.

Die möglichen Gefühlsreaktionen und Körperempfindungen hören in jedem Fall mit dem Schließen der Gasse Gottes bis auf ihre Minimalöffnung und dem damit verbundenen Zurückgehen des Energiezustroms auf die vorge-

gebene Energiezufuhr durch die Minimalöffnung auf.

Weitere Wirkungen des
Gasse - Gottes - Öffnens

Viele erleben eine wohltuende innerliche und körperliche Beruhigung. Sie kommt von dem geistigen Geborgensein, das der Energiestrom von oben bewirkt. Man kann über die Gasse Gottes Licht von oben erhalten, das man auch als Licht sieht. Denn die Energie der Allmacht ist Licht. Dieses Licht kann ruhig oder pulsierend wahrgenommen werden, weiß oder in den verschiedensten Farben. Es kann heilende Energie von oben fließen. Deren Wirkung ist ausführlicher in dem Abschnitt Seite 53, "Das Öffnen der Gasse Gottes bei Krankheit" beschrieben.

Man kann, wenn die Gasse Gottes offen ist, Worte oder Sätze hören, die nicht aus dem Gedankenkreisel des Gehirns stammen, sondern senkrecht von oben einfließen und als nicht eigene Gedanken wahrnehmbar sind.

Manchmal kann man die verschiedensten Schwingungsformen der Energie von oben fühlen. Auch so kann sich die helfende Energie von oben äußern.

Jemand kann sich während der Übung leicht oder schwer fühlen, sich weit weg empfinden. All das sind Erscheinungsformen, wie sich die Hilfe der Allmacht für denjenigen fühlbar äußern kann, der die Gasse Gottes vertrauensvoll öffnet. Die Gasse Gottes kann auch ohne jeden körperlichen Wahrnehmungseffekt geöffnet sein. Das Öffnen der Gasse Gottes geschieht durch Ihren Wunsch und gibt Ihnen die Energie von oben auch dann, wenn Sie während der Übung oder danach körperlich nichts Bestimmtes wahrnehmen.

Denn die Allmacht gibt aus ihrer absoluten Gerechtigkeit und Liebe zu den Menschen heraus jedem, der die Gasse Gottes öffnet, was ihm hilft und was er braucht.

Bei denen, die ihre Gasse Gottes schon seit langem bewußt und regelmäßig öffnen, ist eine durchgehende Hebung ihres Wohlbefindens, ihrer seelischen Kraft oder Stärkung ihrer Gesundheit zu beobachten. Vielerlei Probleme und Beschwerden sind geringer geworden, manche ganz verschwunden. Durch den Zufluß der Energie von oben in einen Menschen kommt es zu einem Energiezuwachs, der bei regelmäßigem Praktizieren der Übung über einen längeren

Zeitraum zu einem geordneten Energieaufbau führt, der eine Stärkung der ganzen Persönlichkeit eines Menschen zum Positiven bewirkt.

Dies kann von dem Menschen selbst wie auch von seiner Umgebung wahrgenommen werden.

Auf einige der eben beschriebenen möglichen Auswirkungen des Öffnens der Gasse Gottes gehe ich nun noch näher ein, und zwar auf das Hören und Sehen durch die Gasse Gottes. Denn das Öffnen der Gasse Gottes kann das Hören und /oder Sehen von überirdischem oder irdischem Geschehen mit sich bringen.

Das Hören durch die Gasse Gottes

Über die geöffnete Gasse Gottes können einem Menschen z.B. Klänge von oben her zufließen, die er wie Musik empfindet und die ihn etwas aus einer größeren als der irdischen Wirklichkeit hören lassen. Und über die Gasse Gottes kann man Worte und Sätze von oben her hören.

Wir sprechen vom Hören von Worten und Klängen durch die Gasse Gottes. Denn es wird so erlebt und empfunden. Aber d i e s e s Hören geschieht nicht über die Ohren des grobstofflichen Menschenkörpers, wie wir es bei Gesprächen z.B. gewohnt sind. Vielmehr geschieht das Hören durch die Gasse Gottes ausschließlich über den Zufluß eines Gedankenstroms direkt von oben, von der Allmacht und der geistigen Welt her. Der Gedanke kann so deutlich und klar kommen, daß man ihn als Hören bezeichnet. Man hört diesen Gedanken jedoch nicht mit den Ohren, sondern mit der Geistseele, die ihn in das Gehirn übermittelt. Denn ein irdischer Mensch kann alle Wahrnehmungen im Tagesbewußtsein nur über das Gehirn als dem Sitz des Tagesbewußtseins aufnehmen. Der Geistseele kann aber beim Hören des Gedankenimpulses durch den Energiestrom von oben mehr gesagt werden, als von ihr dann ins Tagesbewußtsein weitergegeben werden kann. Auch das nur von der Geistseele Aufgenommene wirkt sich positiv auf den gesamten Menschen aus.

Das sog. Hören durch die Gasse Gottes geschieht im Aufnehmen von Wissensimpulsen von oben, die einem nach dem Gesetz des freien Willens durch die Gasse Gottes zuströmen. Man hört dabei keinerlei Stimmen, sondern die ausschließlich hilfreichen Wissensimpulse, die durch die Gasse Gottes von oben ins Gehirn kommen, werden dort in die eigene Gedankensprache des Empfängers umgesetzt und so kommen sie zu Bewußtsein, werden dort aufgenommen und gespeichert.

Was wir für den Vorgang des Hörens durch die Gasse Gottes gesagt haben, gilt auf analoge Weise auch für das Sehen durch die Gasse Gottes. Auch beim sog. Sehen durch die Gasse Gottes erreichen Wissensimpulse der realen geistigen Welt über die Gasse Gottes das Gehirn des Empfängers und werden dort in Form von Bildeindrücken realen Geschehens realitätsgetreu wiedergegeben. Menschen, die von oben ein und denselben Bereich der geistigen Welt über die Gasse Gottes zu verschiedener Zeit und an getrennten Orten gezeigt bekamen, haben unabhängig voneinander dieselben Bildeindrücke davon wiedergegeben und unabhängig voneinander übereinstimmend gezeichnet.

Weil das Hören und Sehen direkt über die Gasse Gottes durch die zufließende Gedankenenergie von oben geschieht, deshalb nimmt man es nicht über die fünf Sinne des grobstofflichen Körpers wahr. Auf diese Weise können andere Menschen (z.B. Teilnehmer in einer Übungsgruppe) individuelle Botschaften oder individuelles Geschehen, die durch Ihre Gasse Gottes kommen, nicht mithören oder mitsehen. Das ist auch deshalb so, weil jeder, der die Gasse Gottes öffnet, ein nur für ihn selbst bestimmtes und auf ihn selbst zugeschnittenes Energiemuster bekommt, das das auf ihn abgestimmte und von ihm aufnehmbare Informationspotential enthält.

Auch beim Aufnehmen des Hörens von oben durch die Gasse Gottes gilt: je größer die Übung, desto besser das Aufnehmen. Die Allmacht redet zu Ihnen zwar fehlerfrei. Aber das richtige Aufnehmen dessen, was die Allmacht Ihnen sagt, ist eine Sache der Konzentration, der Übung und Ihres Vertrauens. Beim Hören braucht es Konzentration, Übung und Erfahrung.

Prüfen Sie alles, was Sie meinen, gehört zu haben und wägen Sie es ab.

Sie werden von oben nur etwas bekommen, was nicht Ihren freien Willen bricht und was nicht Ihre Verantwortung für Sie selbst und für die anderen außer Kraft setzt.

Niemals kann etwas von oben kommen, was Sie auffordert, sich selbst oder anderen Schaden zuzufügen oder den freien Willen anderer zu brechen.

Freuen Sie sich an jedem Wort oder Satz, der von oben kommt. Denn die Allmacht redet über die Gasse Gottes mit jedem Menschen. Und auf jede einigermaßen vernünftige Frage erhält man auch eine gute Antwort.

Weitere Hinweise zum Hören und Fragen durch die Gasse Gottes können Sie dem Abschnitt "Seite 73, Das Öffnen der Gasse Gottes zum Fragen nach oben" und dort dem Abschnitt "Hören nach oben" entnehmen.

Das Sehen durch die Gasse Gottes

Wenn Sie die Gasse Gottes geöffnet haben, kann es sein, daß Sie Farben und Lichtformen, bewegte Lichtszenen und Lichtinformationen über Ihre Gasse Gottes sehen. So können Ihnen Einblicke in die überirdische Realität gegeben werden, wenn die Allmacht Ihnen auf diese Weise helfen kann. Denn die offene Gasse Gottes und die von oben in sie einfließende Energie der Allmacht ist Ihre jederzeitige Verbindung nach oben zur geistigen Welt und zur Allmacht. Die Farben gehören u.a. zu helfenden und heilenden Energiepotenzen der Allmacht und der oberen Welt. Lichtszenen und Lichtformen zeigen z.B. Einblicke in die jenseitige Welt oder andere überirdische Lebenszustände. Aus der ganzen Fülle der unendlichen Möglichkeiten der Allmacht kann einem Menschen durch die Allmacht über die offene Gasse Gottes jeweils das gezeigt werden, was ihm hilft und ihn geistig voranbringt.

Man selbst kann weder das Hören noch das Sehen über die Gasse Gottes herbeiführen. Es wird einem erst von oben gegeben, wenn es - menschlich gesprochen - aus dem Blickwinkel der Allmacht für den jeweiligen Menschen hilfreich ist. Das Sehen durch die Gasse Gottes geschieht anders als mit den Augen des grobstofflichen Körpers. Die körperlichen Augen nehmen Lichteinflüsse aus dem grobstofflichen Spektrum der Erde auf. Beim Sehen über die Gasse Gottes erhält die Geistseele, so auch das Gehirn Eindrücke z.B. vom realen Geschehen in der geistigen Welt. Diese Eindrücke werden als Sehen empfunden, obwohl dies Sehen nicht das grobstoffliche Licht als Auslöser hat und deshalb nicht durch die Augen des grobstofflichen Körpers ins Gehirn verläuft.

Das Öffnen der Gasse Gottes bei Krankheit

Durch die Gasse Gottes kommen zwei verschiedene Arten von Energie der Allmacht: die eine ist allgemein aufbauend, kräftigt und vermittelt Wissen und die andere ist speziell eine heilende Energie.

Wie fließt über die offene Gasse Gottes heilende Energie von oben in den Körper und in die Geistseele ? Sie wird Ihnen durch Ihre Gasse Gottes von der Allmacht gegeben, wenn Sie sie brauchen, und kann zur Linderung, Besserung und Heilung von Leiden und Beschwerden führen.

Diese heilende Energie der Allmacht kommt auf gezielte Weise durch Ihre Gasse Gottes. Öffnen Sie zuerst die Gasse Gottes in den 7 kurz aufeinander zu tätigenden Schritten, wie sie auf den Seiten 27/28 beschrieben sind. Dann lassen Sie einige Zeit (z.B. einige Minuten) die Energie der Allmacht durch Ihren ganzen Körper fließen, so daß er sich stärkt und sättigt. Danach denken Sie daran, daß die Energie der Allmacht *ab jetzt nur noch* an eine oder mehrere kranke Stellen Ihres Körpers fließt.

Ein Beispiel:

Nehmen wir an, Sie haben ein krankes Knie. Dann leiten Sie in Gedanken die Energie der Allmacht genau an diese Stelle. Dadurch gibt Ihr freier Wille das Einverständnis, daß er die Hilfe durch die heilende Energie der Allmacht will und anzunehmen bereit ist. Es ist Ihre Bitte um Hilfe. Die Allmacht weiß, was Sie brauchen, mehr und besser als Sie selbst, und ihre Energie fließt an diese und auch an andere kranke Stellen Ihres Körpers und beginnt dort ihre heilende Wirkung. Haben Sie Vertrauen und Hoffnung. Aber auch hier gilt: Setzen Sie sich nicht unter Erwartungsdruck. Stellen Sie keine Heilungsbedingungen. Seien Sie einfach nach oben hin offen für das, was Ihnen gegeben wird. Sie bekommen Hilfe, die Sie dringend brauchen können. Und diese Hilfe folgt der Heilung, die Sie im Gesamtzusammenhang Ihres Weges durch den Kosmos benötigen.

Wenn heilende Energie fließt, dann merkt man das unter Umständen an einer kurzzeitigen Verstärkung gewisser Symptome einer Krankheit (z.B. Schmerzen). Verstärken sich zunächst Symptome einer Krankheit, so kann dies zwar unangenehm sein, ist aber beim - Gasse Gottes -

Öffnen ein gutes Zeichen, weil die Energie von oben an dieser Stelle oder den anderen kranken Stellen zu wirken beginnt. Hat sich die Energie der Allmacht an den jeweiligen kranken Stellen des Körpers verteilt, dann werden die Symptome (z.B. Schmerzen) wieder weniger und können ganz schwinden.

Auf unser Beispiel mit dem kranken Knie bezogen heißt dies: Schmerzen und mangelnde Beweglichkeit können sich zunächst verstärken und weichen dann zunehmender Schmerzminderung und Beweglichkeit.

Die Energie der Allmacht kann heilen, vollständig heilen, auch von schweren Krankheiten. Öffnen Sie die Gasse Gottes regelmäßig und leiten Sie die Energie der Allmacht regelmäßig an die kranken Stellen Ihres Körpers, wenn Sie krank sind. Denn das Leiten der Energie der Allmacht kann Krankheiten und ihre Erscheinungsformen lindern oder heilen. Man sollte die Gasse Gottes immer wieder öffnen, um die Energie der Allmacht im Krankheitsfall an die kranken Stellen des Körpers zu leiten. Denn damit kann man auch eine laufende medizinische Therapie unterstützen helfen oder im Falle erfolgloser medizinischer Therapie Linderung oder Heilung zu bekommen versuchen.

Die Gasse Gottes zu öffnen beseitigt jedoch nicht die Tatsache, daß wir in der Polarität leben, die sich auch in Gesundheit und Krankheit äußert. Das Gasse - Gottes - Öffnen hilft Ihnen, mahnt sie aber auch zu einem verantwortlichen Umgang mit Gesundheit und Krankheit. Das Öffnen der Gasse Gottes und die mögliche Stärkung der Gesundheit dadurch ist kein Freibrief für eine ungesunde Lebensführung. Das Gasse - Gottes - Öffnen setzt nicht die Gesetze von Ursache und Wirkung außer Kraft, die auch für den Bereich von Gesundheit und Krankheit gelten. Die Hilfe durch den geistigen Kraftstrom von oben ist ein Teil der möglichen Hilfe bei Krankheit. Aber auch die Materie ist eine Form der Energie der Allmacht. Deswegen kann sowohl die Medizin als auch das Öffnen der Gasse Gottes zu Linderung, Besserung und Heilung bei Krankheit helfen. Das Gasse - Gottes - Öffnen ersetzt nicht Ihre eigene Verantwortung für Ihre Gesundheit und ggf. die notwendige Durchführung einer medizinischen Behandlung.

Immer aber kann das Gasse - Gottes - Öffnen Ihr Vertrauen und Ihre Hoffnung stärken. Vertrauen und Hoffnung sind die zwei geistigen Brüder, die Ihnen zur Gesundheit helfen. Und wo Gesundheit oder Gesundung wegen der Härte der Polarität der Erde und der dadurch gegebenen körperlichen Gefahren und der Krankheiten nicht möglich ist, sind diese beiden, Vertrauen und Hoffnung, Ihre Begleiter, damit Sie die Tapferkeit aufbringen, mit der Krankheit zu leben, wenn dies unumgänglich ist. Auch darin kann der helfende Dienst der Allmacht bestehen. Auch das kann die Stärkung und Hilfe sein, die Sie durch die Gasse Gottes in diesem Fall bekommen können.

Welche Hilfe Sie auch bekommen, Stärkung, Linderung oder Heilung, in jedem Fall bekommen Sie den Zufluß der Kraft von Vertrauen und Hoffnung. Und wenn Sie damit umgehen wollen, können diese beiden Ihren Lebenswillen stärken. Der Lebenswille wird im diesseitigen Leben ebenso gebraucht, wie ihn Ihre Geistseele, also Sie selbst, nach dem Tod Ihres sterblichen Erdenkörpers brauchen. Diesen Lebenswillen kann die heilende Energie der Allmacht über Ihre offene Gasse Gottes aufbauen und stärken.

Beendigung der Übung des Energieleitens an kranke Stellen beim Gasse - Gottes - Öffnen:

Wenn Sie die Übung über die 7 Anfangsschritte begonnen haben (Seite 27/28) und die Energie der Allmacht einige Zeit an die kranken Stellen Ihres Körpers haben fließen lassen, führen Sie die Übung zuende, indem Sie die Energie der Allmacht nach dem Leiten an die kranken Stellen zunächst wieder einige Zeit frei durch den ganzen Körper fließen lassen. Dann danken Sie der Allmacht und öffnen die Augen.

Das Gasse - Gottes - Öffnen bei laufender Tagesbeschäftigung

Neben der Übung in der Ruhehaltung (Seite 27/28) gibt es auch die Möglichkeit, die Gasse Gottes zu öffnen, mitten in der Tagesbeschäftigung und bei geöffneten Augen. Denn es gibt viele Situationen am Tag, wo man Hilfe brauchen kann, aber nicht die Möglichkeit zur Ruhehaltung hat. Das Öffnen der Gasse Gottes ist auch bei geöffneten Augen und laufender Tagesbeschäftigung möglich. Allerdings ist es dann vielleicht schwerer, sich entsprechend zu konzentrieren. Sie können diese Übungen während laufender Tagesbeschäftigung in unterschiedlichen Lebenslagen anwenden. Denn durch ihre Allgegenwärtigkeit ist die Allmacht an jedem Ihrer Lebensvorgänge beteiligt und Sie sind jederzeit mit ihr verbunden. Öffnen Sie Ihre Gasse Gottes und die Energie von oben hilft Ihnen über dies Verbundensein mit der Allmacht zur Bewältigung Ihres Alltags.

Hier einige Möglichkeiten einer solchen Schnellübung:

- *Schnellübung für Ruhe zum Autofahren:*

Wenn Sie sich vom Fahren angestrengt oder aufgeregt fühlen, öffnen Sie in Gedanken die Gasse Gottes, konzentrieren Sie sich kurz auf den Zufluß der Energie der Allmacht von oben und lassen dann die Energie der Allmacht mit einem kurzen Gedanken daran frei durch Ihren Körper fließen. Dann bitten Sie die Energie der Allmacht, Ihnen ruhige Aufmerksamkeit beim Autofahren zu geben. Das stärkt und beruhigt und ist möglich, ohne auch nur ein einziges Mal Ihre Aufmerksamkeit vom Autofahren abzulenken.

Die Dauer dieser Übung bestimmen Sie selbst. Sie brauchen nicht die ganze Zeit an das Offenhalten der Gasse Gottes zu denken. Denken Sie einfach kurz daran, daß Sie ihre Gasse Gottes weiter offenlassen und die Energie der Allmacht Ihnen Ruhe zum Autofahren gibt. Sie können die Übung beenden, wenn Sie sich wieder ruhiger und gelassener fühlen.

Bei Ermüdung durch das Fahren empfiehlt es sich sehr, eine Rast einzulegen. Sie können dann gemäß Ihren Gewohnheiten Ruhe suchen oder auch die Schnellübung zur Leitung der Energie der Allmacht in den Blutkreislauf machen. Diese Übung stärkt.

- Schnellübung für Ihre Augen:

Öffnen Sie die Gasse Gottes, denken Sie an den Zufluß der Energie von oben, lassen Sie die Allmacht zunächst frei durch Ihren ganzen Körper fließen und leiten Sie dann die Energie der Allmacht direkt in Ihre Augen. Das führt zur Entspannung Ihrer Augen und zur Stärkung. Deshalb kann es sein, daß Sie zunächst ein leichtes Verschwimmen des Objekts feststellen, das Sie gerade genauer sehen wollen. Daher sollte diese Augenübung nur in Pausen, nicht während laufender Tätigkeiten (z.B. nicht beim Autofahren) gemacht werden, auf die Sie Ihre Sehkraft beständig konzentrieren müssen.

Legen Sie eine Pause ein, um diese Übung zu machen. Danach nehmen Sie Ihre Tätigkeit wieder auf. Nach dem leichten Verschwimmen, das am Anfang der Augenübung auftreten kann, wird der Blick schärfer und kräftiger werden. Beenden Sie die Übung, indem Sie die Energie der Allmacht frei durch Ihren Körper fließen lassen, danken und dann wieder nur an die täglichen Dinge denken.

- Schnellübung für den Blutkreislauf:

Wenn Sie abgespannt sind und der Blutkreislauf durchhängt, öffnen Sie die Gasse Gottes, denken an den Zufluß der Energie von oben, lassen ihn kurze Zeit frei durch Ihren ganzen Körper fließen und leiten diese in Gedanken in Ihren Blutkreislauf. Das hat belebende, erfrischende Wirkung. Zur Beendigung der Übung s.u.

- *Schnellübung für die Arme und Hände:*

Brauchen Sie in Ihren Armen und Händen Kraft, öffnen Sie die Gasse Gottes und denken Sie an den Zufluß der Energie von oben, der frei Ihren ganzen Körper durchfließt. Dann legen Sie die Hände ineinander, die Handflächen zueinander, drücken die Handflächen leicht aufeinander und leiten die Energie der Allmacht nun direkt in Ihre Arme und Hände. Das stärkt und kräftigt Arme und Hände. Zur Beendigung der Übung s.u.

- *Schnellübung für kranke Stellen des Körpers:*

Sie können die Energie der Allmacht auch ohne die Ruheübung (Seite 27/28) direkt an kranke Stellen leiten. Die Abfolge der Übung ist die gleiche wie bei den vorstehenden Übungen: Gasse Gottes öffnen, an den Zufluß der Energie der Allmacht von oben denken, ihn frei durch Ihren ganzen Körper fließen lassen und ihn dann in Gedanken nur noch an die kranken Stellen leiten. Zur Beendigung der Übung s.u.

- Schnellübung beim Zahnarzt oder anderen schmerzhaften ärztlichen Behandlungen:

Gasse Gottes öffnen, an den Zufluß der Energie von oben denken, die frei durch den ganzen Körper fließt und dann mit der Energie der Allmacht einen Gegendruck zum Schmerz bilden, gegen den Schmerz drücken. Das senkt das Schmerzempfinden erheblich. Es empfiehlt sich, mit dem Gasse Gottes Öffen schon im Wartezimmer zu beginnen, damit man ruhiger in die Behandlung geht.

Zusammenfassend die Schritte der Schnellübung im Überblick:

1. **Öffnen Sie die Gasse Gottes.** Falls Sie das Gefühl haben, Ihre Gasse Gottes sei noch nicht geöffnet, wiederholen Sie den Vorgang des Öffnens.
Sind Sie der Meinung, Ihre Gasse Gottes sollte noch weiter geöffnet wer den, tun Sie es.

2. **Konzentrieren Sie sich auf den Zufluß der Energie von oben** und lassen Sie die Enegie der Allmacht kurze Zeit frei durch Ihren ganzen Körper fließen.

3. **Leiten Sie die von oben einfließende Energie der Allmacht direkt an die jeweilige Stelle oder in diejenige Funktion Ihres Körpers,** die Hilfe braucht, krank ist, Heilung oder Stärkung braucht.

4. **Machen Sie die Übung eine gewisse Zeit.**

5. **Beenden Sie die Übung,** indem Sie zunächst die Energie der Allmacht wieder frei durch

Ihren ganzen Körper fließen lassen. ***Danken Sie der Allmacht,*** z.B. mit einem "Danke" oder "ich danke", das Sie der Allmacht in Gedanken sagen. Dann wenden Sie bitte Ihre Aufmerksamkeit wieder nur noch Ihrer äußeren Umwelt zu.

Sollten Sie die Übung nicht beenden, sondern die Gasse Gottes offen lassen wollen, dürfen Sie dies tun. Danken Sie in Gedanken kurz dafür. Sie wissen ja, Ihre Gasse Gottes schließt sich von allein bis auf die Minimalöffnung, wenn Sie die mögliche Hilfe erhalten haben.

Wenn Sie die Übung des Gasse - Gottes - Öffnens nicht in der Ruheposition machen können, wenden Sie bitte Ihre Aufmerksamkeit niemals von Ihrer äußeren Umgebung ab! Gerade weil Ihr Tagesbewußtsein und Ihre Körperkontrolle immer eingeschaltet bleiben, können Sie die Schnellübung grundsätzlich bei voller Tagesbeschäftigung machen, jedoch ohne die Aufmerksamkeit von Ihrer Tagesbeschäftigung abzuwenden. Es kann jedoch sein, daß die Übung in der Ruheposition wegen der größeren Ruhe besser gelingt als bei laufender Tagesbeschäftigung.

- *Schnellübung ohne gezielte Energieleitung:*

Sollten Sie Hilfe von oben wollen, Ihre Tagesbeschäftigung Sie aber so sehr in Anspruch nehmen, daß Sie sich nichteinmal auf eine bestimmte Schnellübung konzentrieren können, dann ist dennoch Kontakt nach oben und Hilfe von oben dadurch möglich, daß Sie die Gasse Gottes öffnen und an den Zufluß von oben denken. Dann lassen Sie durch die Vorstellung, Ihre Gasse Gottes bleibe auf, die Gasse Gottes einfach offen und denken Sie daran, daß die Energie der Allmacht von oben in Sie einfließt. Da die Allmacht weiß, in welcher Situation Sie gerade sind und was Sie brauchen, kommt die dieser Situation angepaßte Hilfe von oben, auch wenn Sie die Energie nicht selbst gezielt leiten können. Sie dürfen die Gasse Gottes offen lassen, bis sie sich von alleine auf ihre Minimalöffnung schließt. Oder Sie können die Übung auf die gleiche Weise beenden, wie wir es oben beschrieben haben.

- *Schnellübung aus Freude am Kontakt mit der Allmacht*

Die schönste Möglichkeit des Gasse - Gottes - Öffnens besteht darin, die Gasse Gottes zu öffnen, an den Zufluß der Energie der Allmacht von oben zu denken, die durch den ganzen Körper fließt und sich dann einfach an der Allgegenwart der Allmacht zu erfreuen, das Verbundensein mit der Allmacht zu genießen. Dies sollte aus der Freude an Gott, aus der Freude am geistigen Geborgensein in Gott geschehen. So stärkt es die Gottesbeziehung und macht fähig, den Alltag besser zu leben. Deshalb dient diese Möglichkeit des Ausruhens in der Energie der Allmacht der Befähigung zur vermehrten Übernahme von Verantwortung im Leben.

Man kann dies Ausruhen in der Allmacht und sich Freuen mit der Allmacht sowohl in der Schnellübung wie in der Ruheübung machen, wie man auch alle anderen Energieleitungen der Schnellübungen (Seite 67/68) in die Ruheübung (Seite 27/28) einbeziehen kann. Denn das Gasse - Gottes - Öffnen bleibt ein und derselbe Vorgang, ob Sie ihn nun in der Rüheübung oder in einer Schnellübung machen. Das hängt lediglich

von den Möglichkeiten ab, die Ihnen Ihr Tages-
lauf und Ihr Umfeld bietet. Zur Beendigung der
Übung s.u.

Das Öffnen der Gasse Gottes zum Fragen nach oben

Die offene Gasse Gottes ist Ihre Kommunikationsstelle mit der Allmacht und Christus und mit der geistigen Welt. Durch die Gasse Gottes haben Sie neben der Hilfe und der Möglichkeit spontaner Antworten von oben auf offene Fragen Ihres Lebens auch die Möglichkeit, nach oben an die Allmacht und Christus und an die geistige Welt Fragen zu stellen.

Öffnen Sie zuerst Ihre Gasse Gottes, denken Sie an den Kreislauf der Energie von oben, die Sie und Ihren Körper durch die Gasse Gottes durchfließt.

Und dann schicken Sie Ihre Frage in Form eines nach oben gerichteten präzisen Gedankens über die Gasse Gottes nach oben aus. Da der Gedanke im Strom der Energie der Allmacht eingebettet ist, kommt die Antwort direkt von oben in das Bewußtsein. Oftmals ist die Antwort bereits da, bevor man die Frage zuende denken konnten. Das liegt daran, daß die Allmacht allgegenwärtig ist. Sie kennt Ihre Fragen. Das Fragen nach oben dient daher nicht dazu, die Allmacht darüber zu informieren, was Sie auf dem Herzen haben oder brauchen. Das Fragen nach oben ist ausschließlich die genaue Äußerung Ihres freien Willens, auf welchen extrem genau einzugrenzenden Bereich Sie von oben her Antwort suchen.

Damit sind wir bei einem
Grundprinzip des Fragens nach oben:
Die Fragen müssen absolut präzise sein. Denn die Antwort von oben ist absolut präzise und gerecht, weil die Allmacht Ihren freien Willen genau achtet.

Kommt auf Ihre Frage eine Antwort, die nicht zur Frage zu passen scheint, dann kann dies daran liegen, daß Sie falsch gefragt oder ungenau gefragt haben. Es kann daran liegen, daß Ihr Gefühl eine andere Frage gestellt hat, als der vom Verstand formulierte Gedanke zu enthalten scheint.

Die Antwort kommt immer passend zu dem, was Sie von Herzen über Ihren freien Willen gefragt haben und was Sie in Ihrer derzeitigen geistigen und seelischen Verfassung aufzunehmen in der Lage sind. Stellen Sie einfach formulierte Fragen, die mit einem Ja oder Nein beantwortbar sind. Die Allmacht könnte kompli-

ziert antworten, aber können *Sie* eine kompli-
zierte Antwort aufnehmen, mit ihr umgehen und
sie verstehen ?

Denken Sie daran, Sie sind der Lernende. Sie
lernen die Gesetze der geistigen Welt kennen
und mit ihnen umgehen. Sie lernen ggf. Hören
und Sehen über die Gasse Gottes. So müssen
Sie auch lernen, präzise über die Gasse Gottes
nach oben zu fragen und auch die Antworten
präzise zu verstehen und mit ihnen richtig umzugehen. Fragen Sie einfach, klar, hochgenau
und verständlich. Dann wird Ihnen das Aufnehmen der Antwort auch leichter.

Fragen Sie nicht in die Zukunft, sondern fragen
Sie danach, was Sie jetzt an geht und womit Sie
im Augenblick umgehen können. Fragen Sie
niemals sog. Schicksalsfragen, z.B. "Wann ster-
be ich?" oder "Wann stirbt eine bestimmte Person ?". Mit dieser Frage überschreiten Sie Ihre
Kompetenzen bei weitem. Das Fragen nach
oben ist *kein Orakel*. Wenn Sie solchen Miß-
brauch treiben, verschließen Sie Ihre Gasse
Gottes bis auf die Minimalöffnung selbst, mög-
licherweise sogar für Ihre gesamte weitere irdische Lebenszeit. Das gleiche gilt für Fragen, de-

ren Antworten Ihnen selbst oder einer anderen Person Schaden zufügen könnten. Entweder bekommen Sie keine Antwort oder im Falle einer Absicht, sich selbst oder eine andere Person zu schädigen, wirkt Ihre Absicht als Verschließen Ihrer Gasse Gottes in diesem Moment bis auf die Minimalöffnung.

Was darf man über die Gasse Gottes nach oben fragen ?

Sie dürfen die Allmacht in Ihr ganzes Leben einbeziehen. Denn Sie haben Ihr Leben ja von ihr und sind mit ihr verbunden. Alles besteht aus und durch die Energie der Allmacht. Es gibt deshalb keine Fragen, die zu gering oder zu klein sind. Denn diese ganze Welt mit allen großen und kleinen Dingen besteht nur durch die unendliche Energie der Allmacht. Daher ist für die Allmacht weder etwas zu gering noch zu groß. Deshalb darf man sowohl lebenswichtige als auch alltägliche Dinge erfragen. Jede Frage nach oben ist eine Bitte, die aus der absoluten Gerechtigkeit und Liebe der Allmacht zu den Menschen auch Antwort erhält. Fragen, die aus purer Bequemlichkeit, Denkfaulheit oder aus Mangel an Verantwortungsbereitschaft gestellt werden, können auch eine entsprechende Antwort erfahren. Ansonsten aber darf man jede Frage nach oben stellen, die nötig ist, um das Leben besser zu verstehen oder zu bewältigen.

Mein Lehrer wollte einmal einen bestimmten Jogginganzug in einem bekannten Kaufhaus kaufen. Er erhielt ihn in der Filiale nicht und fuhr deshalb ins Hauptgeschäft. Unterwegs im Wagen fragte er die Allmacht über die Gasse Gottes, ob er im Hauptgeschäft diesen Anzug bekommen werde.

Die Antwort kam prompt: "Du wirst ihn bekommen, aber du wirst nicht zufrieden sein." Mein Lehrer teilte diese Antwort seiner Lebenspartnerin mit. Beide konnten mit dieser Antwort nicht so recht etwas anfangen. Als sie ins Hauptgeschäft kamen, hingen diese Jogginganzüge reihenweise auf der Stange. Die Jackengröße stimmte, aber die dazugehörigen Hosen waren viel kleiner und paßten meinem Lehrer nicht. Er konnte sie nicht brauchen. Da wußte er, was die Antwort der Allmacht bedeutet hatte: der Anzug war erhältlich, aber unbrauchbar und mein Lehrer war nicht zufrieden mit dem Angebot dieser Firma. Mein Lehrer und seine Lebenspartnerin fuhren noch in eine weitere Filiale. Und auch hier war das gleiche Malheur: die Jackengröße und die Hosengröße waren so verschieden, daß der Anzug unbrauchbar war. Die Antwort der Allmacht war absolut genau. Dies Beispiel zeigt auch, wie präzise eine Frage gestellt werden muß. Genauer fragen könnte man in diesem Fall etwa so: "Werde ich im Hauptgeschäft diese Art Jogginganzug in mir passender Größe erhalten?" Aber auch so ist die Frage noch nicht ganz genau. Denn sie sagt z.B. noch nichts über die Qualität des Anzugs aus.

Sie sehen, man muß sehr genau fragen, um sich auf die Genauigkeit der Antwort von oben einzustellen und mit der Antwort auch umgehen zu können. Die Antwort kommt genau, denn die Allmacht nimmt Sie ernst. Sie nimmt den genauen Inhalt Ihrer Frage als Grundlage für ihre Antwort. Aus der absoluten Gerechtigkeit beantwortet die Allmacht immer das, was der *wirkliche Inhalt* Ihrer Frage war, nicht den Wortlaut Ihrer Frage. Denn die Allmacht antwortet nach dem geistigen Prinzip, nicht nach der äußeren Sprachform.

Mein Lehrer hatte übrigens nicht aus Bequemlichkeit gefragt, sondern um besser mit dem Fragen nach oben umgehen zu lernen. Denn auch das Fragen nach oben und das Aufnehmen der Antwort von oben will gelernt und geübt sein, wie alles in unserem Leben, z.B. das Gehen und das Sprechen, gelernt und geübt werden mußte und noch muß. Übt man es nicht, verlernt man manches wieder. Da die Gasse Gottes zum Menschen gehört, muß der Mensch es auch üben, sie zu öffnen und mit dem umzugehen, was ihm von oben zwar fehlerfrei gegeben wird, was aber seine Geistseele und sein Gehirn umsetzen, mit ihren begrenzten Mitteln umsetzen müssen. Und deshalb bringt Übung mit dem Öffnen der Gasse Gottes und z.B. mit dem Fragen nach oben auch besseres Umgehen mit dem, was einem durch die Gasse Gottes von oben gegeben wird. Denn die Allmacht gibt dem Menschen durch die Gasse Gottes zwar fehlerfrei das, was der Mensch braucht. Aber das richtige Öffnen der Gasse Gottes und das Verarbeiten und Umsetzen dessen, was ihm durch die Gasse Gottes gegeben wird, durch das menschliche Bewußtsein in menschliche Denkungsart ist Sache des Menschen. Für das richtige Aufnehmen und Umsetzen dessen, was durch seine Gasse Gottes gegeben wird, trägt jeder Mensch selbst die Verantwortung. So ist es ein gegenseitiges Geben und Nehmen zwischen dem Menschen und der Allmacht, der geistigen Welt.

Wie fragt man richtig nach oben ?

Die richtige Einstellung, in der Sie fragen sollten, ist Vertrauen. Denn Vertrauen hilft Ihnen,
die Frage richtig zu stellen und die Antwort
auch genau aufzunehmen. Dann brauchen Sie
Geduld mit sich selbst. Denn das Aufnehmen
der Antwort und das Umgehen mit Frage und
Antwort will geübt sein. Geduld hilft Ihnen, das
präzise Fragen nach oben und das präzise Aufnehmen und Umsetzen der Antwort von oben zu
erlernen und so lange zu üben, bis Sie verstehen,
was Ihnen als Hilfe von oben gesagt oder gezeigt wird.

Folgende **Grundregel** hilft Ihnen, Ihre Fehler
bei der Aufnahme der Antwort von oben zu
minimieren:

*Denken Sie nie vor oder während dem Fragen
nach oben darüber nach, welche Antwort auf
Ihre Frage nach oben Ihnen von oben zuteil
werden könnte.* Jedes Spekulieren vor oder während des Fragens über die Frage selbst oder die
mögliche Antwort schaltet Ihr Gehirndenken zu
und die Wahrscheinlichkeit, daß Sie ungewollt
Ihre Gehirninhalte als Antwort einspeisen, ist
groß. Die Antwort kommt dann entweder ganz

aus Ihrem Bewußtsein oder sie ist eine Mischung aus Antwort von oben und Ihren Bewußtseinsinhalten.

Sobald Sie Ihr eigenes Denken zugeschaltet haben, wird die Antwort schon durch Ihr eigenes Denken verfälscht. Da hilft nur: von vorn beginnen und sich selbst nicht während des Fragens mit dem eigenen Denken/Spekulieren zu beschäftigen.

Sie bekommen von der Allmacht auf jede einigermaßen vernünftige Frage immer eine gute Antwort. Aber nicht immer erhält Ihr *Tagesbewußtsein* diese Antwort, weil es mit der Antwort gar nichts anfangen könnte. Denn oftmals kann nur Ihre Geistseele damit umgehen. Manche Antwort wird sozusagen auf Vorrat in Sie eingespeist und sie wird zu der Zeit aktiv und frei, wo Sie sie verstehen und mit ihr umgehen können. Denn die geistige Nahrung, die von oben durch die Gasse Gottes in den Menschen gelangt, unter anderem z.B. auch in Form von Antworten auf die von diesem Menschen gestellten Fragen, kann kräftiger sein, als Ihr Tagesbewußtsein aufnehmen und verarbeiten kann. Dann geht die Antwort ins Bewußtsein

Ihrer Geistseele, in das eigentliche Unterbe-
wußtsein. Und von dort wird es frei, wenn Sie
so weit und bereit sind, mit den jeweiligen dort
gespeicherten Informationen zurecht zu kommen und umzugehen. Man bekommt Antworten
von oben immer so, daß sie zu dem Gesamtzu-
stand passen, in dem sich die Geistseele und der
grobstoffliche Körper des jeweiligen Menschen
befinden. Was den Gesamtlevel von Geistseele
und Körper des einzelnen übersteigt, wird von
oben nicht gegeben, weil es zwecklos wäre. Es
wird von dem Menschen einfach nicht aufgenommen. Der Level des Menschen schafft eine
Grenze für das, was er von oben her aufnehmen,
bekommen kann.

Je geübter ein Mensch im Gasse - Gottes - Öffnen und im Fragen nach oben ist, desto genauer
wird er auch die Antworten von oben von dem
Gedankenschwarm aus seinem Gedankenkreisel
unterscheiden können, den sein Gehirn erzeugt.

Gedankenstrom von oben durch die Gasse Gottes
(schematischer Längsschnitt durch das Gehirn)

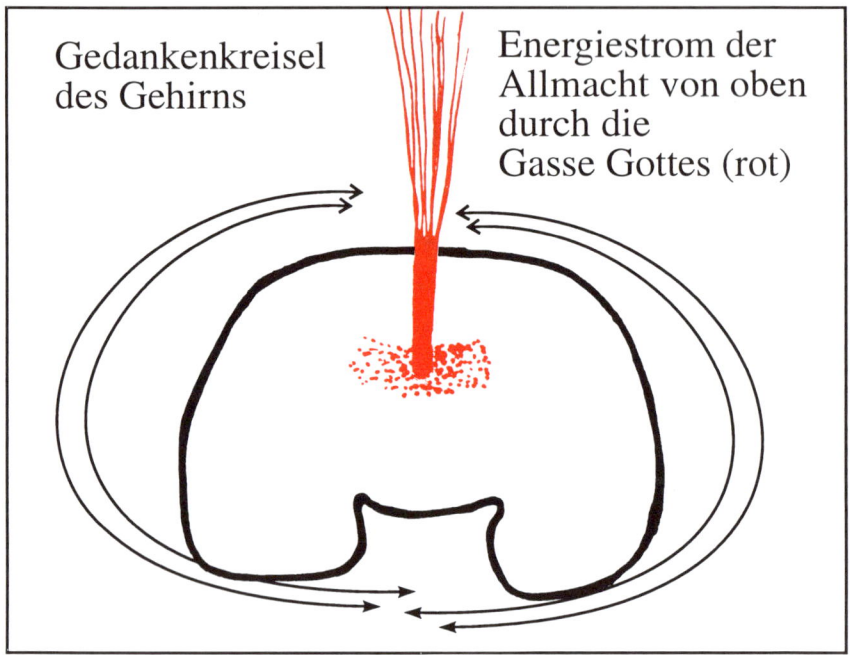

Gedankenkreisel des Gehirns

Energiestrom der Allmacht von oben durch die Gasse Gottes (rot)

Antworten von oben kommen immer klar und senkrecht durch die Gasse Gottes. Sie sind klar wahrnehmbar, solange man nicht Gedanken aus dem eigenen Gedankenkreisel beimischt. Fragen Sie vertrauensvoll und ernsthaft nach oben. Aber prüfen Sie genau, was Sie in Gedanken als Antwort hören.

Antworten von oben erkennt man z.B. daran, daß sie sich im Leben absolut bestätigen und wahrheiten. Eigene Antworten sind eine Mischung aus eigenen Anschauungen und Wahrheit. Die Allmacht gibt fehlerfrei, aber es kann geschehen, daß Sie fehlerhaft aufnehmen. Deshalb üben Sie bitte erst für längere Zeit das Fragen aus Freude am Kontakt mit der Allmacht und mit der geistigen Welt, wie es z.B. mein Lehrer tat, als er den Jogginganzug kaufte (s.o.) Übernehmen Sie nie unkritisch die Antworten, die Sie von oben bekommen zu haben meinen. Mit der Zeit werden Sie entdecken, daß Ihre Fragen und das Wahrnehmen der Antworten von oben präziser werden.

Sie werden mehr Übung entwickeln und so werden Sie sicherer, genauer und gelassener mit dem Fragen nach oben umgehen. Und Sie werden durch Erfahrung unterscheiden lernen, was Antwortinhalte von oben sind oder was aus Ihrem Gehirn stammt. Immer aber enthalten Antworten von oben nur Vorschläge für die bestmögliche Lösung für Ihre Frage. Die Verantwortung, was Sie daraus machen, bleibt aber voll bei Ihnen. Niemals kommt von oben ein zwanghafter Befehl, der Ihr Bewußtsein manipuliert.

Die Antworten von oben beziehen Ihren freien Willen ein und ermöglichen Ihnen eine freie

Entscheidung. Deshalb ist das Fragen nach oben eine große Hilfe und Erleichterung. Aber das Fragen nach oben nimmt Ihnen weder ihre Entscheidung noch Ihre Verantwortung im Leben ab. In einer Situation gibt es in der Regel mehrere Entscheidungsmöglichkeiten. Und deshalb gibt es auch in der Antwort von oben die zu den verschiedenen Entscheidungsmöglichkeiten vorhandenen Antworten.

Die Verantwortung, welchen Weg Sie wählen, bleibt bei Ihnen selbst. Das Fragen nach oben wie auch das Hören nach oben über die geöffnete Gasse Gottes ist dadurch eine Freude, daß es ein ständiges Verbundensein mit der Allmacht und der geistigen Welt darstellt. Und allein das ist ein Quell der Freude und Stärkung, der Erleichterung und Besserung, den Sie täglich nutzen können, so oft Sie sich der Allmacht zuwenden wollen oder Hilfe brauchen.

Das **Hören nach oben** funktioniert übrigens genauso wie das Fragen nach oben über die geöffnete Gasse Gottes. Man hört einfach, ohne sich durch eigene Gedanken vorzuprogrammieren, nach oben. Manchmal stellt einem die Allmacht eine Frage. manchmal kommt von oben ein

Wort oder ein Satz, die einem weiterhelfen, seinen Weg zu gehen und das Geistige zu erkennen.

Freuen Sie sich daran. Der Kontakt nach oben ist Ihr Geburtsrecht, und wäre er auf der Erde nicht durch falsche Vorstellungen von Gott und vom Leben so verschüttet, der Menschheit könnte von oben viel mehr geholfen werden. Nutzen Sie den Kontakt nach oben aus Freude an der Verbundenheit mit der Allmacht und der geistigen Welt. Zum Hören nach oben oder Fragen nach oben genügt es, die Gasse Gottes zu öffnen, an den Zustrom der Energie von oben zu denken und in den Strom von oben hinaufzuhören oder hinaufzufragen. Nehmen Sie alles, was Ihnen über die offene Gasse Gottes gegeben wird, geduldig und gelassen hin, selbst wenn Sie es noch nicht verstehen. Ihr Annehmen, Hinnehmen dessen, was Ihnen gegeben wird, ermöglicht es, daß Ihnen mehr gegeben werden kann, als wenn Sie alles erst verstehen wollen. Zuerst kommt das Annehmen, dann das Umgehen mit etwas, daraus folgt dann das Verstehen, zuletzt das Begreifen. Ein Beispiel: Ein Kleinkind hört die vielen Worte der Erwachsenen und nimmt sie hin. Dadurch lernt es mit den Worten umzugehen und später lernt es die Inhalte der Worte voll verstehen. So ähnlich ist es auch mit der Antwort von oben. Manches werden Sie gleich verstehen, manches später. Aber annehmen können und dürfen Sie alles, was Ihnen von oben gegeben wird.

Nehmen Sie das an, was Ihnen die offene Gasse Gottes zufließen läßt, z.B. auch, wenn Sie etwas über die Gasse Gottes sehen sollten. Auch das Sehen von irdischem und überirdischem Geschehen über die offene Gasse Gottes ist möglich. Denn die Antwort von oben kann sowohl in Worten und Sätzen als auch in Bildern von realem Geschehen oder in sinnbildlichen Bildeindrücken bestehen. Fragen Sie nicht: "Warum bekomme gerade ich dies ?" oder "Warum bekomme gerade ich dies nicht ?" Die Allmacht gibt aus ihrer absoluten Gerechtigkeit heraus Ihnen immer das, was für Sie aus der Sicht der Allmacht gut ist. Und sie gibt es in der Wort- oder Bildsprache, in der Sie das Geschehen aus der geistigen Welt und die Antwort von oben mit Ihrem Level aufnehmen können. Die Antwort von oben erweitert vorsichtig Ihr Denken und Wissen, Ihren Horizont. Und so reifen Sie innerlich durch das, was Ihnen durch die

Gasse Gottes an Energie gegeben wird. Das sind die Gründe, weshalb die Persönlichkeit eines Menschen durch das Öffnen der Gasse Gottes und das richtige Umgehen mit dem, was Ihnen von oben gegeben wird, eine so positive Hebung erfährt.

Mit dem, was einem durch die Gasse Gottes gegeben wird, sollte man gut und respektvoll umgehen. Nie sollte man das Wissen oder die Hilfe von oben absichtlich zum Negativen einsetzen. Damit sind wir bei einem weiteren wichtigen Punkt:

Das Gasse - Gottes - Öffnen setzt Verantwortungsbereitschaft voraus.

Seien Sie sich bewußt, daß auch das Gasse - Gottes - Öffnen in Ihrer Verantwortung steht. Mit dem Öffnen der Gasse Gottes bekommen Sie viel Hilfe und Schönes. Gehen Sie achtungsvoll damit um. Denn die Allmacht achtet auch Sie. Gehen Sie natürlich mit dem Gasse - Gottes - Öffnen um. Es braucht weder Unterwürfigkeit noch Selbstüberschätzung. Beides ist für den Umgang mit dem Gasse - Gottes - Öffnen und der Allmacht hinderlich und überflüssig.

Zwei hilfreiche Spezialübungen

a) die Übung, die Energie der Allmacht durch die Gasse Gottes *n u r* ins *Herzzentrum* (auch als Herzchakra bekannt) zu leiten

und

b) die Energie der Allmacht durch die offene Gasse Gottes n u r ins Gehirn zu leiten.

Beide Übungen können Sie einzeln als Teilübung in die Ruheübung (Seite 27/28) einbauen oder auch als Schnellübung (Seite 67/68) machen. Bei der Schnellübung zur Leitung der Energie von oben in Ihr Herzzentrum oder ins Gehirn sollten Sie aber keiner Sie beanspruchenden Tätigkeit nachgehen. Ggf. sollten Sie nach Ende der Übung noch einige Zeit der Ruhe haben.

Immer öffnen Sie zuerst die Gasse Gottes und konzentrieren sich auf den Zufluß der Energie von oben. Dann leiten Sie *bei Übung a)* die Energie der Allmacht durch Ihre offene Gasse Gottes direkt ins Herzzentrum (Herzchakra).

Man kann das Wirken der Energie von oben dort unter Umständen z.B. in Form von Wärme spüren. Da die Energie der Allmacht im Herzzentrum (Herzchakra), das man auch das Zentrum unseres Gewissens nennen könnte, geistig Ordnung schafft, kann es z.B. zum Wiedererleben von entsprechend in Ihrem Bewußtsein gespeicherten Szenen führen, um so Dinge aus der Vergangenheit zu bewältigen. Deshalb ist es angebrachter, das Leiten der Energie von oben ins Herzzentrum in die große Ruheübung (nach S. 27/28) einzubetten. Vor dem Leiten der Energie von oben an eine spezielle Stelle und danach sollte während der großen Ruheübung wie bei der Schnellübung die Energie von oben wieder den ganzen Körper durchfließen.

Übung b) Das Leiten der Energie von oben ins Gehirn geschieht auf die gleiche beschriebene Weise wie bei Übung a), nur daß Sie, statt die Energie von oben durch Ihre Gasse Gottes in Ihr Herzzentrum zu leiten, sie direkt ins Gehirn fließen lassen. Während des Fließens der Energie von oben ins Gehirn kann es zu einem enormen Ausdehnungsgefühl des Bewußtseins kommen. Jedoch hat nicht Ihr Bewußtsein selbst diese Größe, sondern es wird mit in die Größe höheren Bewußtseins der geistigen Welt bzw. der Allmacht hineingenommen.

Kombination von Übungen und Übungsteilen

Beide Übungen, das Leiten der Energie von oben ins Herzzentrum und das Leiten der Energie ins Gehirn können auch hintereinander gemacht werden.

Dann sollte man aber vor und nach jedem einzelnen Übungsschritt die Energie von oben wieder frei durch den ganzen Körper fließen lassen.

Es ist auch möglich, die eben erwähnten beiden Übungen sowie Schnellübungen als Übungsteile in die große Ruheübung einzufügen. Auch hier gilt, daß vor und nach jedem einzelnen Übungsschritt die Energie der Allmacht frei durch den ganzen Körper fließen soll.

Wenn Sie andere Übungsteile in eine laufende Übung einbeziehen, brauchen Sie natürlich nur am Anfang der Übung die Gasse Gottes zu öffnen oder falls sie sich während der Übung wieder geschlossen haben sollte.

Ein Beispiel für eine kombinierte Übung haben Sie unter dem Abschnitt "Das Öffnen der Gasse Gottes bei Krankheit" (Seite 53).

Hier noch ein Beispiel für eine mögliche Kombination von Übungen:

1. Gasse Gottes Öffnen (nach dem auf S. 27/28 geschilderten Ablauf)
2. An den Zufluß der Energie von oben denken
3. Die Energie von oben frei durch den ganzen Körper fließen lassen
4. Die Energie von oben direkt zu den kranken Stellen leiten
5. Die Energie von oben frei durch den ganzen Körper fließen lassen
6. Die Energie von oben direkt ins Herzzentrum leiten
7. Die Energie von oben frei durch den ganzen Körper fließen lassen
8. Die Energie von oben ins Gehirn leiten
9. Die Energie von oben frei durch den ganzen Körper fließen lassen
10. Beenden der Übung (nach dem auf S. 30 geschilderten Ablauf)

Solch eine lange, kombinierte Übung sollten aber nur Geübte vornehmen.

Für Anfänger genügt es völlig, die Gasse Gottes öffnen zu können und sich auf den Zustrom der

Energie der Allmacht von oben zu konzentrieren und die Energie der Allmacht frei durch den ganzen Körper fließen zu lassen.

Man sollte sich langsam an das Umgehen mit den Energien gewöhnen, die bei all diesen Übungen einem durch die offene Gasse Gottes zufließen.

Es ist sinnvoll, nicht alles auf einmal zu versuchen, was Geübte über Jahre geduldig erlernt haben. Zuviel auf einmal zu wollen, ist Selbstüberschätzung und Selbstüberforderung und kann entmutigen. Lassen Sie sich deshalb sich selbst zuliebe die nötige Wachstumszeit im Umgang mit dem Gasse Gottes Öffnen. Dann werden Sie Schritt für Schritt die für Sie richtige Entwicklung nehmen.

Sicherheit beim Gasse - Gottes - Öffnen

Mit der Zeit wird man beim Gasse - Gottes - Öffnen mehr Sicherheit und Erfahrung gewinnen. Das geht sogar, wenn man keinen Lehrer hat, der es einem zeigt, sondern wenn man es von allein nur nach dieser schriftlichen Anleitung zu lernen versucht. Denn selbst wenn Sie das Gasse - Gottes - Öffnen autodidaktisch erlernen, erlernen Sie es ja nicht allein. Die geistige Welt steuert das, was sie Ihnen über die Gasse Gottes gibt oder was mit Ihnen geschieht. Alles ist in der geistigen Obhut der Allmacht. Das ist der eigentliche Grund zum Vertrauen. Und das ist der Grund, weshalb das Wissen über das Gasse - Gottes - Öffnen hier schriftlich gegeben wird, damit man es nach dieser Vorlage und mit Hilfe von oben erlernen kann. Und sollten Sie beim Öffnen der Gasse Gottes einmal etwas sehen oder hören und etwas erleben, was Ihnen noch unbekannt ist, so geschieht das alles zu Ihrem Besten und unter der Obhut von oben. Wenn es soweit ist, werden Sie erfahren und verstehen, was Sie erlebten. So wird Ihr Horizont erweitert und Sie werden offener für die große Realität des Kosmos und die viel größere

Realität der Unendlichkeit Allmacht, in die wir eingebettet sind. Und Sie erleben Ihr Verbundensein mit allem, was ist, und das Beschütztsein von oben. Öffnen Sie sich dem vertrauensvoll, indem Sie Ihre Gasse Gottes immer wieder öffnen. Je geübter Sie darin sind, desto besser sind die Ergebnisse. Geübte erleben, daß ihre Gasse Gottes sich oft sozusagen von alleine öffnet. Das ist gut so. Freuen Sie sich darüber, wenn Sie das erleben sollten. Das ist ein Fortschritt. Denn so verstärkt sich Ihr Verbundensein nach oben und der Zufluß der geistigen Hilfe von oben auch dann, wenn Sie nicht gezielt daran denken.

Seien Sie voll Vertrauen. Durch die offene Gasse Gottes geschieht nur Gutes. Was Ihnen über die Gasse Gottes zufließt, kommt von der Energie der Allmacht durch die schmale Gasse der Kommunikation Ihrer beiden Hirnhälften in Ihr Bewußtsein. Mit der Gasse Gottes ist Ihnen der Zugang der Energie von oben in Ihre Geistseele und in Ihr Bewußtsein gegeben. Das Öffnen der Gasse Gottes ist wie ein Gebet, das mit Energie von oben beantwortet wird.

Die Gasse Gottes ist die Stelle des Körpers, die zur Aufnahme dieser Energie von oben geeignet ist. Ob spontan und unwissend geöffnet oder ob bewußt und mit Willen geöffnet, jedesmal erhält die Gasse Gottes Energie von oben und schafft Verbindung nach oben. Die Möglichkeit, bewußt Ihre Gasse Gottes zu öffnen, ist Ihnen gezeigt. Hilfe, Besserung, ja Heilung können das Ergebnis sein. Es liegt bei Ihnen, vertrauensvoll diesen Schritt zu tun.

Nachwort

Die Gasse Gottes und den Zufluß der Energie der Allmacht durch die Minimalöffnung der Gasse Gottes hat jeder Mensch, seit es Menschen gibt.

Aber das Wissen darüber, daß man selbst die Gasse Gottes öffnen kann und darf und wie dies geschieht, ist neu. Dies Wissen stammt von Ulrich Seibert, der seinerseits mit dem Gasse - Gottes - Öffnen bereits seit langer Zeit Menschen hilft. Er hat mich dies Wissen gelehrt und mich mit den Möglichkeiten des Gasse - Gottes - Öffnens vertraut gemacht. Ich habe die Fakten, die ich in diesem Buch beschrieben habe, selbst erfahren und bei vielen anderen, die das Gasse - Gottes - Öffnen inzwischen kennengelernt haben, nachgeprüft. Menschen, die sich untereinander nicht kennen, kamen unabhängig voneinander zu denselben Ergebnissen, die auch ich selbst immer wieder festgestellt habe. Mit dem Einverständnis von Ulrich Seibert veröffentliche ich in diesem Buch mein Wissen über das Öffnen der Gasse Gottes, damit mehr Menschen als bisher die Möglichkeit des direkten Kontaktes nach oben nutzen können.

Hans Luther

Inhalt